W0051908

L

Für Peter

INHALT

Vorbemerkung

Warum ein Buch über diese Buchhandlung?

Gegründet von einem jüdischen Anarchisten an einem bildungsbürgerlich geprägten Platz ist sie seit fast hundert Jahren eine Institution. Ihre Buchhändler, viele Autoren, wichtige Bücher und interessierte Leser begleiten sie durch all die Jahre. Die Politik von 1933 bis 1945 unternimmt alles, um die Buchhandlung und ihren Gründer zu ruinieren. Das Verhalten der damaligen Buchhandelsorganisationen ist für den großen Kulturbruch dieser Zeit mit verantwortlich und wert erzählt zu werden.

An der Geschichte dieser Buchhandlung lässt sich erkennen, welche Bedeutung solche kulturellen Orte hatten und bis heute, trotz vieler Veränderungen, haben. Und dass man dafür etwas tun und riskieren muss.

So ist der Buchladen Bayerischer Platz der kleine Wassertropfen, in dem wir ein großes Stück Kulturgeschichte erkennen können.

DER GRÜNDER

Benedict Lachmann
Drei oder vier Dinge, die ich von ihm weiß

Am 8. Februar 1878 wurde er in Kulm an der Weichsel in Westpreußen geboren, seine Eltern nennen ihn Benedict. Drei Schwestern wachsen mit ihm auf: Anna, Rosa und Martha.

Mit Kurt Schumacher kann er nicht gemeinsam in der Schulbank gesessen haben, der wurde dort erst 1895 geboren. Aber Hermann Löns, 1866 geboren, könnte Schulabgänger gewesen sein, als Benedict noch jahrelang die Schulbank drücken musste.

Sein Schulfreund Anselm Ruest, ein später berühmter Philosoph, heißt zu dieser Zeit noch Ernst Samuel. Dessen Vater ist Kantor und Religionslehrer in Kulm. Mit Anselm verbringt er die Tage und redet mit ihm über Literatur und die Philosophie Max Stirners. Schon 1901 entsteht die Freundschaft zu dem Dichter John Henry Mackay, dem Stirner-Biographen. Dass diese Freundschaften sein Leben bestimmen werden, ahnt er. Dass die Philosophie Max Stirners sein Leben bestimmen soll, weiß er. Dessen Mutter hatte Jahre zuvor wahrscheinlich nur wenige Straßen entfernt gewohnt.

Über seine frühen Jahre wissen wir nicht viel, und als sich im Jahr 1909 in der Passauer Straße 6-7 in Berlin ein Kaufmann als Mitarbeiter der Baumwollfabrik Kayser & Pfingst anmeldet, können wir annehmen, dass es Benedict Lachmann ist.

Was ist aus den Träumen von Literatur und Philosophie geworden? Ist der junge Benedict »vernünftig« geworden?

Ein tiefer Blick ins Berliner Adressbuch belehrt uns, dass er sich 1915 in der Sedanstraße anmeldet und als Beruf Schriftsteller angibt. Seine Freunde Anselm und der dazu gestoßene Samuel Friedländer (später unter dem Pseudonym Mynona als

Buchladen Bayerischer Platz

Inhaber: Benedict Lachmann

Ich bitte alle Freunde, ihre Bücher und Zeitschriften durch
meine neu eröffnete, moderne Bücherei zu beziehen und
mein Unternehmen durch Empfehlung zu unterstützen.

Benedict Lachmann, Berlin W 30

Bayerischer Platz 13-14, Eingang Speyererstraße, Fernspr. Nollendorf 3137

---

*Zur Beseitigung großer Widerstände bitte ich alle Freunde der
Zeitschrift, die Bahnhofsverkaufsstellen, Untergrundbahn - Buchhandlungen und Zeitungskioske zu kontrollieren und fortgesetzt
nach der Zeitschrift zu fragen.*

Der Herausgeber.

---

*Ich bitte um Zusendung oder Mitteilung über alle Neuerscheinungen, sowie Zeitungsartikel etc., welche sich mit der
Frage des individualistischen Anarchismus, zustimmend oder
ablehnend, beschäftigen.*

*Für die Mitteilung der Adressen solcher Personen, denen
die Zusendung eines Probeheftes dieser Zeitschrift erwünscht
wäre, bin ich sehr dankbar.*

*Alle Sendungen und Zuschriften für den individualistischen
Anarchist erbitte ich an meine persönliche Adresse.*

Berlin W 30,
Eisenacher Str. 34.

Der Herausgeber:
Benedict Lachmann.

Anzeige in »Der individualistische Anarchist«
1. Jahrgang, Heft 4, 15. Mai 1919

Buchladen Bayerischer Platz, außen und innen,
Bayerischer Platz 13/14, Eingang Speyerer Straße, Berlin W 30

Schriftsteller berühmt), sind unterdessen auch in Berlin, und so treffen sie sich am 19. Mai 1919, Gerhard Lehmann ist mit von der Partie, und gründen an diesem Tag die *Vereinigung Individualistischer Anarchisten*. Die Philosophie Max Stirners soll einen Weg in die Welt finden, und vielleicht erzählt Benedict seinen Freunden an diesem Abend, dass er am 11. März 1919, also vor zwei Monaten, am Bayerischen Platz 13/14 einen Buchladen gegründet hat. Er hat ihn natürlich *Buchladen*

Buchladen Bayerischer Platz

Berlin W 30, Bayerischer Platz 13/14.

Max Stirner
Der Einzige und sein Eigentum
broschiert 3,30 Mark.
gebunden 4,15 Mark.

Stephan Pearl Andrews
Die Wissenschaft von der Gesellschaft
broschiert 2,20 Mark.
nur noch wenige Exemplare
:: verfügbar. ::

Protagoras
Nietzsche
Stirner
Platz dem Egoismus!
von
Benedict Lachmann
broschiert 1,65 Mark.

Was ist Sozialismus?
von
Benedict Lachmann
Karton. 1,65 Mark.
Soeben erschienen.

Bei Bestellungen bitte den Betrag auf Postscheckkonto **Berlin 55024**
:: zu überweisen. / Porto für jedes Buch 15 Pfennig. ::

Benedict Lachmann, Buchhandlung, Berlin W 30,
Bayerischer Platz 13/14, Eingang Speyerer Str., Fernspr. Nollendorf 3137.

Anzeige in *Der individualistische Anarchist*

Bayerischer Platz genannt, ein Ladenschild bestellt, eine Leihbücherei in den hinteren Räumen untergebracht und den Vorübergehenden angezeigt, dass es sich um eine moderne Buchhandlung handelt.

Dazu gehört ein Verlag, in dem sofort die Zeitschrift *Der Individualistische Anarchist* mit ihrer ersten Nummer 1919 erscheinen wird. Die Freunde finden dort Platz für ihre Artikel, suchen und finden Gleichgesinnte, die regelmäßig mit Artikeln vertreten sein werden. Der Autor und Herausgeber Lachmann wirbt an dieser Stelle nicht nur um Mitglieder für die *Vereinigung Individualistischer Anarchisten*, sondern auch für seinen Buchladen. Zwölf Ausgaben werden erscheinen.

Aus dem Vorwort des Herausgebers Benedict Lachmann
Der individualistische Anarchist
1. Jahrgang, Heft 2, 16. April 1919

»Das Ziel des Anarchismus ist Freiheit, d.h. der Zustand der Abwesenheit jeder aggressiven Gewalt und jedes aggressiven Zwanges. Der Anarchist erwartet keine »Veredlung« der Menschen. Er hat erkannt, dass die Grundlage aller menschlichen Handlungen der Egoismus ist. Er empfiehlt den Einzelnen, dass sie sich nach Beseitigung aller Monopole und Privilegien einschliesslich des Staates nach ihren wirtschaftlichen und gesellschaftlichen Interessen, so weit sie dies für richtig halten, zusammenschließen unter Bedingungen, die sie selbst bestimmen. Dass an die Stelle der Monopole die freieste Konkurrenz auf allen Gebieten tritt, die allein es jedem Individuum ermöglicht, das Produkt seiner persönlichen Leistung im freien Verkehr voll zu verwerten. Sind alle Monopole und Privilegien beseitigt, so bleibt vom Staate übrig, was er eigentlich sein sollte: eine Vereinigung zur Verteidigung von Leben, Freiheit und Besitz des Einzelnen. Aber selbst dieser anzugehören, kann niemand gezwungen werden, der diesen Schutz nicht wünscht.

Freiheit ist für den Anarchisten ebenso Ziel wie Mittel. Er verwirft daher jede gewaltsame Bekehrung, jeden Zwang und verabscheut wie jede Diktatur auch jedes diktatorische Mittel. Er wünscht in seinen Angelegenheiten unbelästigt zu bleiben, so lange er nicht aggressiv ist, und andere nicht zu belästigen, solange sie gegen ihn nicht aggressiv werden. Der individualistische Anarchist ist keine Partei; er ist eine freie Vereinigung derjenigen, die ihre persönliche Freiheit erstreben. Wer will, gehört dieser Vereinigung an, so lange er will.

Zur Verbreitung dieser Grundsätze und Ziele, zur Aussprache über die Klärung der Fragen und die Art ihrer Durchführung haben sich einige Freunde der persönlichen Freiheit vereinigt. Sie fordern alle auf, die gleiche Interessen oder so weit sie sie haben, sich ihnen anzuschließen; diejenigen, wel-

DER
iNDIViDUALIJTIS<HE
ANAR<HIST

1. Jahrgang.   Heft 3.

HERAUSGEBER BENEDICT LACHMANN
1919

Titelseite der Zeitschrift

che nicht die gleichen Ziele haben, sich mit ihnen in voller Offenheit und Wahrhaftigkeit über ihre Meinungsverschieden-
heiten auszusprechen.«

DAS IST EINE LIBERTÄRE, philosophische, nicht machtpolitisch taktierende und vor allem gewaltlos agierende Variante, die sich von vielen damaligen Strömungen absetzt, besonders auch von den Anhängern des Bolschewismus, die in der Ende 1918 gegründeten KPD stark vertreten waren. Dazu nochmal Benedict Lachmann in einer Auseinandersetzung insbesondere mit dem angeblich vorübergehend notwendigen diktatorischen Vorgehen der Bolschewisten in Heft 6 vom 15. Juni 1919:

»Für den Anarchisten sind Ziel und Mittel eins: er glaubt nicht, dass zu einem irgend wie bestimmten oder unbestimmten fernen Zeitpunkt das Signal gegeben werden könne, mit der Gewalt aufzuhören und die Erkenntnis zu fördern. Er meint vielmehr, dass jede Zeit und auch die heutige Stunde geeignet ist, für die Erkenntnis zu wirken und die Gewaltanwendung einzudämmen; dass aber jede Ausdehnung der Vergewaltigung und des Gewaltprinzips, von welcher Seite sie auch erfolge, der Erkenntnis hinderlich sei und ein Rückschritt in bezug auf die Verwirklichung der Freiheit und der auf ihr beruhenden größtmöglichen Zufriedenheit der Menschen.

Meine ganze bisherige Tätigkeit in Wort und Tat schützt mich vor dem Verdacht, die Partei der Ausbeuter und bisherigen Unterdrücker zu ergreifen. Darum kann ich es mit aller Deutlichkeit sagen und wiederholen, dass für mich in der Entwicklung, welche der Bolschewismus vorschlägt, ein Rückschritt besteht und dass mich daher der Kampf um die *Freiheit* in den Reihen der Gegner des Bolschewismus finden wird.«

Diese die individuelle Freiheit betonende Haltung Lachmanns erklärt wohl auch, dass er seinen Buchladen nicht zu einem dezidiert politischen Buchladen macht, sondern auf die Vielfalt der Meinungen und der Literatur, insbesondere der modernen Literatur setzt.

Da es sich um eine vornehme Wohngegend mit guten Aussichten auf den Anschluss an Groß-Berlin handelt, ist es wahrscheinlich, dass die Freunde vom Erfolg der Neugründung überzeugt waren. Georg Haberland, der Gründer des Bayerischen Viertels mit dem schönen großen Platz, tat alles für den Erfolg dieses Juwels und sollte damit Recht behalten.

Georg Haberland
Die Entstehung des Bayerischen Viertels

Unsere Tätigkeit haben wir hauptsächlich dem Westen Berlins gewidmet, da, allein schon durch den Zug nach dem Westen, der in Großstädten allgemein in Erscheinung tritt, hier die Voraussetzungen am günstigsten waren. Es kam darauf an, Gegenden zu wählen, in denen sich ein Wohnungsbedürfnis zeigte, die Unternehmer geneigt waren, das Risiko der Erbauung von Häusern zu übernehmen und Käufer für sie finden konnten. Die landschaftlich reizvollen Bezirke an der Havel und der Oberspree lagen damals noch völlig außerhalb der Stadt und kamen für die Errichtung von Miethäusern nicht in Frage. Die Gegend, die erschlossen werden soll, muß aber einen besonderen Reiz haben. Schöne Platzanlagen, schmucke Häuser, Wohnungen mit durchdachten Grundrissen und gute Verkehrsverbindungen waren die Voraussetzungen, die für die Gründung eines Stadtteiles geschaffen werden mußten.

Damals gab es noch kein Groß-Berlin. Jede Gemeinde hatte ihre eigene selbständige Verwaltung und ihren eigenen Haushalt. Zwischen den einzelnen Vorortgemeinden bestand eine große Rivalität. Um die Bevölkerung in ihr Weichbild zu ziehen, mußten die Gemeinden ihren Steuerzuschlag auf möglichst geringer Höhe halten; sonst liefen sie Gefahr, ihren Zuzug zu verlieren. Dieser Wettkampf war für die Finanzwirtschaft der Gemeinden und indirekt somit auch für die Bevölkerung außerordentlich heilsam.

Ein Kuriosum war die Entwicklung der Villenkolonie Grunewald. Während vieler Jahre erhob Grunewald nur etwa 30% Zuschlag zur Einkommensteuer. Durch die bedeutende Steuerersparnis haben reiche Leute, die sich dort ansiedelten, nach einer Reihe von Jahren die Anschaffungskosten ihres Besitztums nahezu wieder eingebracht.

Um die bauliche Entwicklung des Berliner Westens wetteiferten Charlottenburg, Schöneberg und Wilmersdorf miteinander. Alle drei Gemeinden waren bemüht, sich so schnell wie möglich zu vergrößern und ihre Steuerkraft zu heben.

Wir begannen unsere Tätigkeit im Bezirk der Landgemeinde Schöneberg. Das Dorf Schöneberg hatte damals etwa 62 000 Einwohner und ein Staatssteuersoll von nur 8.85 M. auf den Kopf der Bevölkerung, obwohl dort die reichsten Grundbesitzer, die sogenannten Millionenbauern, wohnten. Ein Gemeinwesen mit einer derartig geringen Steuerkraft wäre niemals in der Lage gewesen, aus eigenen Mitteln die in seinem Weichbilde gelegenen Gelände zu erschließen. Die Aussicht auf eine bauliche Entwicklung und Stärkung der schwachen Steuerkraft wurde von Schöneberg mit Freuden begrüßt. Man hieß uns herzlichst willkommen und unterstützte uns, soweit es kein Geld kostete, mit allen Mitteln. Der Abschluß der Erschließungsverträge begegnete keinerlei Schwierigkeiten. Als der erste Vertrag die kommunalen Organe beschäftigte, meinte allerdings ein Amtsmeister, es sei ein unsinniger Gedanke, ein neues Stadtviertel erschließen zu wollen; in seinem Haus am Nollendorfplatz ständen zwei Wohnungen leer, die er nicht vermieten könne.

Schöneberg gehörte zum Kreise Teltow, der von dem klugen und umsichtigen Landrat v. Stubenrauch geleitet wurde. Er hat die bauliche und verkehrliche Entwicklung seines Kreises in jeder Weise gefördert.

Sämtliche Ländereien befanden sich im Besitz von acht Bauern- und neun Kossätenfamilien [Kossäten waren Kleinbauern mit eigener Kate, die oft im Tagelohn bei Großbauern arbeiteten.] Die Leute lebten einfach und anspruchslos; sie waren vielfach abgeneigt, ihren Besitz zu Geld zu machen, weil sie Mühe und Risiko seiner Anlegung scheuten. Der damalige Gemeindevorsteher Schmock bemühte sich persönlich, die Schöneberger Bauern zum Verkauf ihres Grundbesitzes an die Berlinische Boden-Gesellschaft zu veranlassen. Der Erwerb dieser Ländereien ging nicht ohne Schwierigkeiten vonstatten.

Wir brauchten einmal neun zusammenhängende Geländestreifen. Einer davon gehörte Fritze Heil, seines Zeichens Standesbeamter und stellvertretender Gemeindevorsteher in Schöneberg. Keiner hat es besser verstanden als er, unsere Zwangslage auszunutzen. Wir hatten schon alles mündlich miteinander verabredet, er hatte mir selbst die einzelnen Grundstücke besorgt. Als es aber zum notariellen Abschluß des Vertrages kommen sollte, schrieb er ab, seine Kinder willigten in den Verkauf des Grundstücks nicht ein. Jedoch hat er noch am gleichen Abend dem Weinhändler, bei dem er kneipte, eine Anstellung für das Grundstück gegeben zu einem um 50 000 M höheren Preise, als er es mir mündlich verkauft hatte. Ich hatte geglaubt, mich auf das Wort eines Beamten und stellvertretenden Gemeindevorstehers verlassen zu können; er aber äußerte freimütig, einem Juden brauche man sein Wort nicht zu halten. Es blieb nichts anderes übrig, als in den sauren Apfel zu beißen und dem Weinhändler das Grundstück abzukaufen. Dem Ansehen von Heil hat dieser Wortbruch übrigens nichts geschadet. Für mich war die Lektion zwar teuer, aber lehrreich.

Der alte Sarre, ein Kossät, war Eigentümer eines anderen zu derselben Transaktion gehörenden Streifens. Heil hatte, bevor er seine häßliche Handlung beging, mit ihm für mich verhandelt. Sarre war jedoch nicht zum Verkauf zu bewegen, und so ging ich eines schönen Tages persönlich zu ihm. Er stand auf seinem Hofe mit der Mistgabel und der blauen Schürze. Ich fragte: »Wohnt hier Herr Sarre?« »Jawoll«, sagte er, »hier is er, wat wollen Se denn von ihm?« Ich sagte: »Ich heiße Haberland und möchte ihn mal sprechen.« »Wat denn, wat denn, sind Sie denn der Haberland selbst?« »Ja«, war die Antwort. »Na, denn kommen Se man rin.« Sarre offerierte mir Zigarren, das Stück etwa zu anderthalb Pfennig, und selbstgebrautes Bier und erklärte mir, daß er die Wiese nicht verkaufen wolle. Er wolle auch mal den Abdruck haben. Den »Abdruck« hat nämlich derjenige, der mit dem Verkauf bis zuletzt wartet und dann den Käufer abwürgt, weil er das Grundstück unbedingt haben muß. Ich erklärte mich bereit, ihm denselben Preis zu zahlen, den alle seine Nachbarn bekämen, und ihm auch die notariellen Verträge vorzulegen; das nützte aber alles nichts. Er meinte: »Ich kenne doch Fritzen, Fritze verkauft doch nicht, wenn er nicht den Abdruck hat!« Ein ahnungsvoller Engel! Fünf- bis

**U-Bahnbau am Bayerischen Platz, Ecke Speyerer Straße,
17. Juni 1909**

sechsmal mußte ich den alten Sarre aufsuchen, bevor er sich
entschloß, mir seine Wiese zu verkaufen. Er meinte: »Sehn Se
mal, das ganze Jahr kommt zu mir Mistbauern kein Mensch.
Sie plaudern so nett mit mir und erzählen, was in der Welt
passiert; wenn Sie die Wiese haben, gucken Sie den alten Sarre überhaupt nicht mehr an; dann kann er Ihnen nichts mehr
nützen. Nun kommen Se man noch ein paarmal her, dann
sollen Sie die Wiese haben.« Und so kam es denn auch.

Solche Schwierigkeiten waren nicht immer vorhanden. Mit
der Zeit entwickelte sich zwischen den Schöneberger Grund-
besitzern, meinem Vater und mir ein freundschaftliches Verhältnis, das so weit ging, daß die Grundbesitzer, wenn andere
Reflektanten zu ihnen kamen, erst bei uns anfragten, ob wir
das Gelände nicht haben wollten.

Dem Berliner Ortsteil, in dem wir unsere Tätigkeit ausüb-
ten, fehlte noch jede Verkehrsverbindung. In das alte Dorf
Schöneberg führten fünf bis sechs Straßenbahnlinien, aber
keine einzige in das neu entstehende Bayerische Viertel. Die

Bayerischer Platz, mit Salzburger, Innsbrucker und Meraner Straße.
Im Hintergrund Rathaus Schöneberg, 1926

Anträge, die unsere Gesellschaft bei den städtischen Kör-
perschaften einreichte, um eine Straßenbahnverbindung für
den neuen Stadtteil zu erlangen, blieben ohne Erfolg. Darauf
gründete ich mit unseren Kunden den Bezirksverein des Berliner Ortsteils, der nun statt der Gesellschaft die Anträge stell-
te und sie meist zur Annahme brachte. Auf diese Weise hat
der Berliner Ortsteil in kurzer Zeit die für ihn lebenswichti-
gen Verkehrsverbindungen erhalten.

In dem neugegründeten Verein fand ich einen erbitterten
Gegner in dem Stadtverordneten Kucznitzki. Er hatte früher
auch zu unseren Kunden gehört, erwarb dann aber von anderer Seite ein Gelände in der Kaiserallee. Für dieses Grundstück bemühte er sich bei der Sächsischen Bodenkreditanstalt
um eine Hypothek, die über seine eigenen Selbstkosten hin-
ausging; natürlich ohne Erfolg. Dadurch ist die Feindschaft
zwischen uns entstanden. Er benutzte andere als Vorspann,
blieb immer selbst im Hintergrund; seine Anträge wurden jedoch fast immer abgelehnt.

Bayerischer Platz, von der Grunewaldstraße aus gesehen.
Im Hintergrund Kirche Zum Heilsbronnen, 1926

Der Bezirksverein gelangte bald zu großem Ansehen und
bei den Kommunalwahlen auch zu einer gewissen Macht. –
Jede Landgemeinde hatte das Bestreben, so schnell wie möglich Stadt zu werden und aus dem Kreise auszuscheiden. In
kurzer Zeit wurde auch durch die Tätigkeit der Gesellschaft die
Einwohnerzahl erreicht, die zur Erlangung der Stadtrechte erforderlich war. Die neue Stadtgemeinde wurde mit dem großen
Apparat ausgerüstet: Oberbürgermeister, Bürgermeister, Syn-
dikus, Hochbaurat, Tiefbaurat, Magistrat und Stadtverordne-
te usw. Unser Verhältnis zur Gemeinde war das denkbar bes-
te. Ganz besonderes Verständnis brachte der damalige Baurat
Gerlach, der zuständige Dezernent, den Bestrebungen der Gesellschaft entgegen. Gerlach war in damaliger Zeit der erste, der
sich bemühte, die Gedanken des neuzeitlichen Städtebaus in
Schöneberg zur Durchführung zu bringen. Seine Anregungen
wurden aus wirtschaftlichen Gründen vielfach bekämpft; er
wußte sie indessen so zu gestalten, daß die Wirtschaftlichkeit
gewahrt blieb. Gemeinsam mit ihm haben wir die Bebauungs-

pläne aufgestellt, nach denen das Bayerische Viertel angelegt worden ist. Wir haben schon damals die Blocks so eingeteilt, daß Quergebäude vermieden wurden, und die Höfe alle zusammenlagen. Besonders bemerkenswert bei der Gestaltung des Bayerischen Viertels sind die reizvollen Ausbuchtungen der Straßen sowie die strenge Scheidung zwischen Wohn- und Verkehrsstraßen. Diesen Anregungen entsprang im wesentlichen auch der Gedanke der provisorischen Vorgärten, deren Einrichtung den Vorteil hatte, daß wir die unschönen in der Luft hängenden Erker beseitigen und sie bis zum Erdgeschoß herunterführen konnten. Dadurch erfuhr auch die Einförmigkeit der Fronten eine angenehme Verbesserung.

Die Plätze und Straßen haben wir unter der Kontrolle der Gemeinden selbst gebaut. Seitens der Landgemeinde und der späteren Stadtgemeinde Schöneberg ist außer einem ganz geringfügigen Beitrag zur Ausgestaltung des Bayerischen Platzes nicht eine Mark für die Anlage von Straßen und Plätzen verausgabt worden. Wir haben für den Victoria-Luise-Platz ein Preisausschreiben erlassen, bei dem der Entwurf des Gartendirektors Enke den ersten Preis erhielt. Der Kaiser, der sich für alle städtebaulichen Anlagen interessierte, ließ sich das Projekt vorlegen und schrieb eigenhändig »Sehr geschmackvoll« auf den Enkeschen Plan. Der Platz wurde nach diesem Plane angelegt und der Gemeinde Schöneberg in feierlicher Weise übergeben. Das war eines der schönsten Feste, das die Berlinische Boden-Gesellschaft veranstaltet hat. Während des Essens in einem benachbarten Restaurant wurde der Platz mit mehreren tausenden elektrischen Lämpchen festlich illuminiert. Der benachbarte Stadtteil hatte noch schlechte Gasbeleuchtung. Wir hatten eine eigene kleine Kraftstation errichtet, mit der wir den Platz und die neuen Straßen elektrisch beleuchteten. Auf dem Platze selbst war ein Springbrunnen gebaut, der abends als »fontaine lumineuse« weithin sichtbar erstrahlte. Um die Mitternachtsstunde wurde die Absperrung durchbrochen, und namentlich die weibliche Jugend mischte sich unter die Gäste. Ich sehe heute noch den alten Ludwig Pietsch vor mir, auf jedem Knie ein lachendes Mädchen. Um

Bayerischer Platz, von der Grunewaldstraße aus gesehen.
Pferdemarkt, 1912

12 ½ Uhr ließ ich das Licht ausschalten, damit die Stimmung nicht allzu vergnügt wurde.

Der Victoria-Luise-Platz fand in der Öffentlichkeit ungeteilten Beifall. Täglich pilgerten Hunderte von Menschen nach dem neuen Stadtteil, der sich bald in Berlin großer Beliebtheit erfreute. Alle Beteiligten waren zufrieden: die Gemeinde, die sich durch den Zuzug der steuerkräftigen Bevölkerung glänzend entwickelte, die Gesellschaft, die einen angemessenen Gewinn hatte, die Unternehmer, die ihre Häuser vorteilhaft verkauften.

Dem Victoria-Luise-Platz folgte der Bayerische Platz. Als mein Vater im Jahre 1906 seinen 70. Geburtstag feierte, hat man ihm zu Ehren im Bayerischen Viertel eine Straße nach seinem Namen genannt. Kurz vorher war mein Vater Kommerzialrat geworden, im wesentlichen wohl auch auf Anregung des Polizeipräsidenten von Schöneberg und des Magistrats der Gemeinde. Die Haberlandstraße haben wir einheitlich im Nürnberger Stil gebaut; ein Haus habe ich für meine Söhne zur Erinnerung an meinen Vater errichtet, der als Nürnberger Ratsherr am Hause thront. Die Ehrungen, die meinem Vater zuteil geworden sind, waren mir die liebste Anerkennung für unser gemeinsames Wirken.«

Speyerer Straße, mit Blick auf den Bayerischen Platz.
Der Buchladen war gegenüber dem U-Bahn Eingang, links, 1925

DIE SACHE MIT DEM BUCHLADEN ließ sich gut an. Lachmann
konnte den 19-jährigen Paul Behr für den Buchladen gewinnen. Nachdem Paul zuerst Botengänge und kleine Hilfsarbei-
ten erledigt, stellt sich rasch heraus, dass in ihm ein echter
Buchhändler steckt. Er sollte alles lernen, was zu diesem Meti-
er gehört, das Buchhändlerische und das Kaufmännische, damit er den freiheitsliebenden Chef bald vertreten kann, denn
der brauchte Zeit für seine schriftstellerische Arbeit und seine Besuche im Romanischen Café. Dass Paul Behr so lange
Lachmann und seinem Buchladen treu blieb, auch in später
schwierigeren Zeiten, lässt vermuten, dass er zumindest die
Offenheit und die politisch sehr dezidierte, gleichwohl tole-
rante Haltung Lachmanns akzeptierte.

Die Aufbruchszeit dieser Jahre ist wirtschaftlich schwierig, politisch chaotisch und die Republik steckt noch in den Kinderschuhen. – Trotzdem, der Buchhandel befindet sich Anfang der zwanziger Jahre im Aufschwung, der erst mit der Wirtschaftskrise ab 1929 gebremst wird. Extreme Meinungen, viele Zeitungen, Parteien, Varietés, Theater, Kabaretts und Grotesk-Tänzerinnen sorgen für die Hintergrundmusik. Im Buchladen wagt sich Lachmann an mutige Literatururteile.

Curt Riess
Ein bemerkenswerter Mann

In den großen deutschen Städten, vor allem in Berlin, trafen sich die Revolutionäre im Café. Die besonders Radikalen trafen sich im *Romanischen*, dem Literatencafé schlechthin.

Wer mich übrigens dort einführte und in dessen Begleitung ich meist kam, war ein gewisser Benedict Lachmann, ein höchst bemerkenswerter Mann. Er war ziemlich groß, eher hager, ging leicht gebeugt, trug sein schwarzes Haar absichtlich unordentlich, sozusagen künstlerisch. Sein Beruf: Buchhändler. Er hatte irgendwann kurz nach dem Krieg den *Buchladen am Bayerischen Platz* aufgemacht, keine fünfzig Meter von unserer Wohnung. Der Laden war klein, aber voller Köstlichkeiten. Ich entdeckte Dutzende von Schriftstellern und Dichtern einfach dadurch, dass ich dort ihre Bücher sah und sie zu lesen begann.

Benedict Lachmann war anfangs amüsiert, später doch interessiert an dem Schuljungen, der sich so intensiv mit Büchern abgab. Er erteilte positive und negative Ratschläge, er sagte mir, was man lesen müsse und was man nicht lesen dürfe. Urteile, die mir oft wie Sakrilege vorkamen, gab er ab, als seien sie die selbstverständlichsten der Welt. Er sprach über einige Klassiker mit furchtloser Respektlosigkeit, er tat sie als veraltet und langweilig ab.

Ähnliches hatte auch ich in vielen Fällen empfunden – aber nie gewagt, es mir einzugestehen. Und hier war einer, der zum Beispiel den ganzen Klopstock mit einem Achselzucken hinweg fegte, der schon bei der Erwähnung von Theodor Körner, damals noch als eine Art Schiller junior verehrt, schallend lachte. Auf der anderen Seite schätzte er gewisse Bücher sehr hoch ein und veranlasste mich, sie zu lesen, etwa *Buddenbrooks* von Thomas Mann. Ich hatte Romane für nicht lesenswert gehalten und musste nun eingestehen, dass dafür überhaupt kein Grund vorlag. Ich las infolgedessen viele Romane, vor allem die Brüder Mann, die großen Russen und, zögernd und mit vorerst nicht allzu viel Verständnis, die großen Franzosen.

Immer und immer wieder muss ich mich fragen, wenn ich an diese Periode meines Lebens zurückdenke, woher ich die viele Zeit nahm. Schule, Frauen, Lesen, Romanisches Café, Theater. Eine Erklärung: Ich las nichts Überflüssiges. Das war Benedict Lachmanns Verdienst. Auch, dass er mir ersparte, zu lesen, was vielleicht vorübergehend Sensation machte, doch bald wieder vergessen sein würde.

Für Theater hatte er wenig übrig. Das musste früher anders gewesen sein. Er sprach gelegentlich über Schauspieler, anerkennend und oft schwärmerisch, aber sie waren alle längst tot. Reinhardt bedeutete ihm nichts. Von der Oper hielt er wenig – Ausnahme: Mozart! Darüber, dass ich Richard Wagner so inbrünstig liebte, konnte er nur den Kopf schütteln. Das würde sich sehr schnell geben, meinte er …

(Aus: *Das war ein Leben*, Ullstein, 1977)

PAUL MARCUS, einer der frühesten Filmkritiker dieser Zeit, der in der Nähe des Bayerischen Platzes wohnte, erinnert sich bei seinem ersten Besuch nach 1945 (er emigrierte 1933 nach London) an Lachmann und den Platz: »Als ich ein paar Stunden später durch die Straßen ging, in denen ich einst zu Hause gewesen war, schien mir die Heimat zur Fremde geworden. Es war, als sei ich in Pompeji. Wie die Reste einer untergegange-

**Ostseite Bayerischer Platz und angrenzendes Gelände,
von der Grunewaldstraße aus gesehen, 1947**

nen Welt sahen Plätze und Häuser aus. Oder war es, als käme
ich, mein eigenes Grab zu besuchen?

Das Haus, in dem uns Herr Lachmann die ersten Bände Ril-
ke verkauft hatte, stand nicht mehr. An dieser Ecke hatten wir
uns von unserem alten Vater verabschiedet. Wo diese Trüm-
merreste in den Himmel ragten, war einst ein Rummelplatz
gewesen. ›Wer haut, wer pufft den Lukas in die Luft?!‹, klang es
in meinen Ohren nach, als ob nicht dreißig Jahre dazwischen
lägen. Um den Schutthaufen, der nunmehr den Bayerischen
Platz darstellte, war der elegante, gut aussehende Herr Jean-
nin geschlendert, einst der erste ›Looping-the-loop‹-Flieger
der Welt, bis er eines Tages wegen Verführung Minderjähri-
ger vor Gericht gestanden hatte. Dort war das Café Boese, in
dem ich mein letztes Telephongespräch in Berlin geführt hatte, und daneben das Wittelsbach-Kino, in das ich verbotener-
weise geschlüpft war, um die verregneten Filme der stummen
Zeit zu sehen.

(Aus: Paul Marcus, *Zwischen zwei Kriegen*, Transit, 2014)

1921 ERHÄLT ANATOLE FRANCE den Literaturnobelpreis. Gottfried Benns expressionistische Phase endet. Egon Erwin Kisch, Ernest Hemingway, Anna Seghers, Erich Kästner, Ernst Jünger und Erich Maria Remarque machen von sich reden. Thomas Mann beginnt 1926 mit dem ersten Band von *Joseph und seine Brüder*.

Seinem eigenen Buch gibt Benedict Lachmann den Titel *Platz dem Egoismus* und erklärt, dass damit Selbstverantwortung, Freiheit und nicht Chaos gemeint sind. Albert Einstein ist mit ihm gleicher Meinung. Auch er ist ein Anhänger der Philosophie Max Stirners. 1915 veröffentlicht Albert Einstein die von ihm in seinem Arbeitszimmer in der Haberlandstraße 5 erarbeitete Relativitätstheorie. Als ihm 1922 der Nobelpreis für Physik verliehen wurde, wird der Buchladen seinem berühmten Kunden gratuliert und vielleicht gehofft haben, dass etwas von diesem Glanz auf den Bayerischen Platz und seinen Buchladen fallen könnte. Einstein selbst nahm den Preis nicht persönlich entgegen. Der Gesandte des Deutschen Reiches empfing ihn stellvertretend aus den Händen seiner Majestät und dankte im Auftrag des Geehrten.

Der frischgebackene Buchhändler Lachmann zieht privat wieder um: in die Eisenacher Straße 34 in Schöneberg. Das attraktive Schöneberg gehört mittlerweile (seit 1920) zu Groß-Berlin.

Langsam aber unüberhörbar schleichen sich Misstöne in das vielstimmige Konzert der Zeit. Politisch extrem rechte Gruppen versuchen die Straßen in Berlin zu erobern. Sie werben für ihre Überzeugungen, überfallen ihre Gegner und formulieren ihre antisemitischen Parolen unverhohlen. Die Republik ist ihnen ein Greuel, ihre nationalsozialistische Überzeugung eint sie.

1933 kündigt sich schon vorher an.

Paul hat ausgelernt, ist Buchhändler geworden, heißt jetzt Herr Behr und hat Prokura. Er ist der Erste Sortimenter, Stellvertreter des Chefs, teilt die Arbeit ein, nimmt Urlaubsanfragen entgegen und zahlt Gehälter aus, wenn Lachmann nicht da ist. Der kränkelt und wird besorgt auf die politischen Entwicklungen geblickt haben.

Im Januar 1933 ergreift die Nationalsozialistische Partei die Macht in Deutschland. Neue Gesetze werden erlassen, man nimmt mit nationalsozialistischer Propaganda Einfluss auf die öffentliche Meinung. Die Ausgrenzung und Verfolgung jüdischer Menschen und politisch unliebsamer Gegner beginnt sofort und ist für alle sichtbar.

Der Buchladen von Benedict Lachmann verliert im Januar 1933 jeden Rückhalt. Erlasse und Gesetze zielen erfolgreich auf den Ausschluss der Juden aus dem täglichen und geschäftlichen Leben. Und die Standesorganisation des Buchhandels und der Verlage in Deutschland, der Börsenverein, beeilt sich mit Ergebenheitsadressen gegenüber der »nationalen Bewegung«.

Der Buchhandel nach 1933

Der Börsenverein der Deutschen Buchhändler, die seit 1825 bestehende Standesvertretung der Verlage und Buchhandlungen mit Sitz in Leipzig, war offensichtlich auf die Machtübernahme vorbereitet, denn in atemberaubender Geschwindigkeit wurden Treueerklärungen abgegeben und in vorauseilendem Gehorsam Beschlüsse angekündigt, die insbesondere jüdische Autoren und jüdische Mitglieder betrafen.

Am 11. Mai 1933, also wenige Wochen nach der ersten großen Verhaftungswelle Ende Februar (ausgelöst durch den Reichstagsbrand) und nur einen Tag nach den barbarischen Bücherverbrennungen in Berlin und anderen Universitätsstädten, erklärte der Vorstand des Börsenvereins, dass bestimmte Autoren (darunter Lion Feuchtwanger, Alfred Kerr, Egon Erwin Kisch, Heinrich Mann, Erich Maria Remarque, Kurt Tucholsky und Arnold Zweig) »für das deutsche Ansehen als schädigend zu erachten sind. Der Vorstand erwartet, dass der Buchhandel die Werke dieser Schriftsteller nicht weiter verbreitet.«

Wenig später (14. Mai) wurde Joseph Goebbels, der fanatische Nationalsozialist und »Minister für Volksaufklärung und Propaganda« offiziell vom Börsenverein ins Leipziger Buchhändlerhaus eingeladen, wo er in einer Rede drohte, der deutsche Buchhandel werde entweder die Zeichen der neuen Zeit verstehen oder werde in Zukunft nicht existenzfähig sein. Sogar diese massive Drohung wurde von den Anwesenden beklatscht.

Zu dieser Zeit war der Börsenverein noch ein demokratisch organisierter Verein, der Vorstand setzte sich keineswegs aus NS-Parteimitgliedern zusammen – und trotzdem verhielt er sich so linientreu wie kaum ein anderer Verband. Er setzte viel Energie ein, um seine verbliebenen jüdischen Mitglieder, die ohnehin schon unter der offiziellen Rassenpolitik zu leiden hatten, zu zermürben oder auszuschließen (schon 1933 waren nicht nur viele jüdische oder politisch unliebsame Autorinnen und Autoren aus Deutschland geflohen, sondern ebenso Buchhändler und Verleger). Als der große Verleger Samuel Fischer 1934 in Berlin starb, war auf seiner Beerdigung auf dem jüdischen Friedhof Weißensee kein offizieller Vertreter des Börsenvereins anwesend.

1934 wurden wie in allen kulturellen Bereichen auch für den Buchhandel neue Organisationen geschaffen und nach dem Führerprinzip organisiert. Die Funktionen des Börsenvereins übernahm nun der Zwangsverband »Bund Reichsdeutscher Buchhändler«, der der »Reichsschrifttumskammer« zugeordnet war und in dem nicht mehr nur die Firmeninhaber und leitenden Angestellten, sondern alle Branchenmitglieder zusammengefasst waren – ein Hebel, um auf allen Ebenen jüdische Branchenmitglieder auszuschließen (was einem Berufsverbot gleichkam) bzw. keine neuen »nichtarischen« Mitglieder aufzunehmen. Vorsitzender dieser neuen Organisation wurde der Leiter des NSDAP-Hausverlags Franz Eher Nachf.. Formal bestand auch der Börsenverein weiter, war aber ebenfalls »gleichgeschaltet« und hatte denselben fanatischen Vorsitzenden wie der »Bund Reichsdeutscher Buchhändler«. Im Börsenblatt, dem Vereinsorgan des Börsenvereins, beschwerte er sich am 1. Oktober 1934 über renitente Mitglieder: »Noch im Laufe dieses Sommers haben vereinzelte Buchhandlungen durch ihre Auslagen im Schaufenster und Ladeninnern, durch Prospektversand und Verzeichnisse erkennen lassen, wie wenig sie sich von den Grundsätzen bestimmen lassen, die für den guten Buchhandel im nationalsozialistischen Staate verpflichtend sind.« Und weiter: »Wer volksschädliches Schrifttum vertreibt, wird sein Recht auf Berufsausbildung verlieren.« (Wittmann, Geschichte des deutschen Buchhandels, C.H. Beck, 1991, S. 332)

Bei der Definition dessen, was jeweils als »volksschädliche« Literatur galt, wirkten Funktionäre des Börsenvereins bzw. des »Bundes Reichsdeutscher Buchhändler« aktiv mit. Nicht nur Buchhandlungen, auch öffentliche Bibliotheken und Leihbüchereien sollten nach »nichtarischer«, sozialistischer, liberaler, pazifistischer, avantgardistischer und »Sexualliteratur« durchsucht und diese dann beschlagnahmt und vernichtet werden. Dabei tat sich insbesondere die Berliner Geschäftsstelle dieser beiden Verbände, geleitet von dem nationalsozialistischen Buchhändler Höynck, mit dem auch Benedict Lachmann zu tun bekam, besonders hervor.

Auf allen Ebenen, bei der Lehrlingsausbildung, im Schulbuchgeschäft, bei Bestellungen wurden jüdische Buchhandlungen schikaniert. Jüdische Mitglieder, die auch noch Mitgliedsbeiträge zahlten, wurden im offiziellen »Adressbuch des deutschen Buchhandels« nicht mehr genannt.

Der Verleger Theodor Marcus schrieb über die Lage des jüdischen Buchhandels 1935: »Unaufhaltsam schloss sich der Ring um jeden von uns immer enger. Der Umsatz ging zurück, auch der Auslandsabsatz. Die Besprechungen wurden gehässiger, der eine oder andere Sortimenter getraute sich nicht mehr, Novitäten ins Fenster zu legen. Wir sollten auf diese Weise langsam zum Liquidieren gezwungen werden.« (Dahm, Das jüdische Buch im Dritten Reich, Buchhändler Vereinigung, Frankfurt/Main, 1979, S. 128)

Von 1935 bis 1937 fand gezielt die Vertreibung bzw. der Ausschluss jüdischer Buchhandlungen und Verlage statt. Der

Höhepunkt war das Jahr 1937, wo Inhabern jüdischer Buchhandlungen die Liquidation ihrer Geschäfte bzw. der Verkauf an »arische« Buchhändler befohlen wurde. Alle Buchhändler (Inhaber oder Angestellte) mussten ihre Abstammung bis ins Jahr 1800 zurück nachweisen. Zugelassen blieben zunächst nur solche Buchhandlungen, die Judaica bzw. jüdisches Schrifttum, das als nicht »schädlich oder unerwünscht« galt, führten und die auch nur an jüdische Kunden verkaufen durften. Neben der Ladentür musste ein Schild angebracht werden: »Verkauf erfolgt nur an Juden gegen Ausweis.« So entstand der sogenannte Ghetto-Buchhandel, der in Berlin ursprünglich auf zwei bis drei Betriebe beschränkt werden sollte, dann aber doch zirka zwanzig umfasste.

Aber selbst diese Nische bestand nur kurze Zeit. Ende 1938 wurden alle jüdischen Buchhandlungen und Verlage zwangsweise geschlossen, ihre Bestände mussten an den »Jüdischen Kulturbund«, eine von den Nationalsozialisten geduldete jüdische Kulturorganisation, abgegeben und konnten über dessen Buchverkaufsabteilung, natürlich nur an Juden, verkauft werden. Aber auch diese Einrichtung, die vielen Juden den falschen Eindruck vermittelte, »so schlimm wird alles nicht werden«, wurde im September 1941 geschlossen – und schon im folgenden Monat Oktober begannen dann die ersten Deportationen...

Über die Zahlen der geflohenen oder bis 1937 aktiven jüdischen Buchhändler gibt es keine genauen Angaben. (Ihr Anteil am Buchhandel und Verlagswesen vor den Verfolgungen wird auf 2,5 Prozent geschätzt.) Wieviele von ihnen später deportiert und umgebracht wurden, ist ebenfalls unbekannt. Bekannt sind Einzelschicksale, an die zum Beispiel mit Stolpersteinen erinnert wird, aber bis heute gibt es keine Erinnerungstafeln an die jüdischen Buchhändlerinnen und Buchhändler, Verlegerinnen und Verleger, an die vielen jüdischen Angestellten, die dem Nationalsozialismus zum Opfer fielen und die von ihrem eigenen Berufsverband im Stich gelassen und zusätzlich verfolgt wurden.

So sehr man die damalige offizielle Vertretung des Buchhandels kritisieren muss, darf man nicht vergessen, das viele nichtjüdische Buchhandlungen nach 1933 die von den Nazis und von ihrem eigenen Berufsverband ausgesprochenen Verbote und Anordnungen nicht befolgt haben.

Gustav Langenscheidt, in der Reichsschrifttumskammer, Gau Groß-Berlin, als Obmann für den Buchhandel zuständig, prangerte Anfang 1937 an, »dass Buchhandlungen sich recht umfassend und offensichtlich mit allen Werbemitteln für jüdische Verlage eingesetzt haben. Z.B. wurden von Buchhandlungen systematisch Prospekte jüdischer Verlage verteilt und in den Räumen, sogar in den Schaufenstern Plakate solcher jüdischen Verlage ausgehängt.« (Dahm, S. 129) Er drohte, solchen Fällen mit allen Mitteln nachzugehen. Derselbe Gustav Langenscheidt schrieb im Mai 1939: »Die Entjudung im Berliner Buchhandel hat im vergangenen Jahr erfreuliche Fortschritte gemacht.« (Dahm, S. 175). Aber noch am 13. Juni 1942 wurden im offiziellen Verbandsorgan *Börsenblatt für den Deutschen Buchhandel* die Buchhändler aufgefordert, ihre Lager von »schädlichem und unerwünschtem Schrifttum« zu »reinigen«. Sie wurden angewiesen, solche Bestände zu makulieren, andernfalls drohten Ordnungsstrafen oder Berufsverbot.

Wir wissen, das es in Deutschland und auch in Berlin etliche mutige Buchhandlungen gab, in denen man trotz Verboten und Strafandrohungen, sozusagen unter dem Ladentisch, »unerwünschte« Literatur fand. Auch an sie sollte erinnert werden.

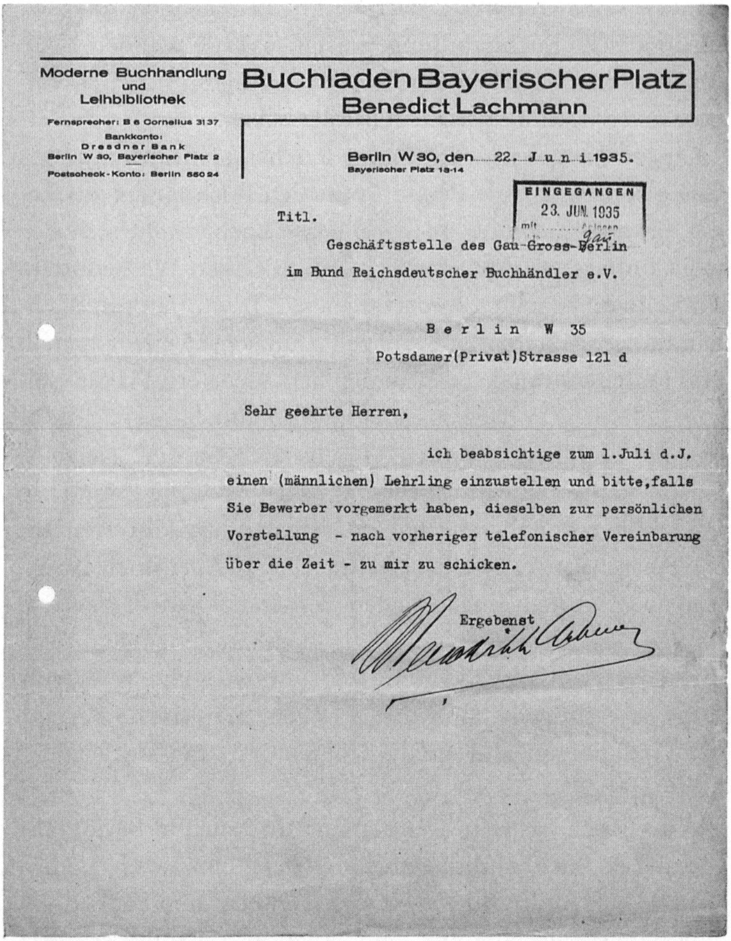

Moderne Buchhandlung
und
Leihbibliothek

Fernsprecher: B 6 Cornelius 3137
Bankkonto:
Dresdner Bank
Berlin W 30, Bayerischer Platz 2
Postscheck-Konto: Berlin 660 24

Buchladen Bayerischer Platz
Benedict Lachmann

Berlin W 30, den......22...J u n i 1935.
Bayerischer Platz 13-14

Titl.

EINGEGANGEN
23. JUN. 1935
mit .... ?....

Geschäftsstelle des Gau-Gross-Berlin

im Bund Reichsdeutscher Buchhändler e.V.

B e r l i n   W 35
Potsdamer(Privat)Strasse 121 d

Sehr geehrte Herren,

ich beabsichtige zum 1.Juli d.J.
einen (männlichen) Lehrling einzustellen und bitte,falls
Sie Bewerber vorgemerkt haben, dieselben zur persönlichen
Vorstellung - nach vorheriger telefonischer Vereinbarung
über die Zeit - zu mir zu schicken.

Ergebenst

AM 22. JUNI 1935 schreibt Benedict Lachmann einen Brief
an die Geschäftstelle des Gau Groß-Berlin im *Bund Reichsdeutscher Buchhändler*, in dem er um die Vermittlung eines
Lehrlings bittet. Darunter eine der wenigen erhaltenen Unterschriften von Benedict Lachmann.

34

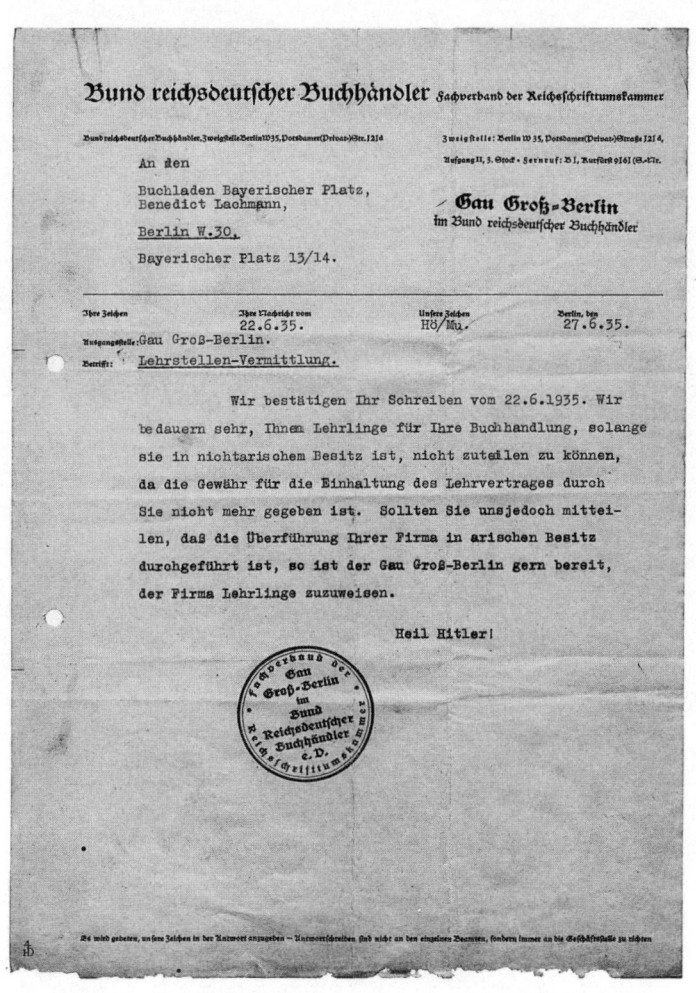

Bund reichsdeutscher Buchhändler Fachverband der Reichsschrifttumskammer

Bund reichsdeutscher Buchhändler, Zweigstelle Berlin W 35, Potsdamer(Privat)Str. 121/4

An den

Buchladen Bayerischer Platz,
Benedict Lachmann,

Berlin W.30,

Bayerischer Platz 13/14.

Zweigstelle: Berlin W 35, Potsdamer(Privat)Straße 121/4,

Aufgang II, 3. Stock · Fernruf: B 1, Kurfürst 9161 (S.-Uhr.

Gau Groß-Berlin
im Bund reichsdeutscher Buchhändler

Ihre Zeichen	Ihre Nachricht vom	Unsere Zeichen	Berlin, den
	22.6.35.	Hö/Mü.	27.6.35.

Ausgangsstelle: Gau Groß-Berlin.

Betrifft: Lehrstellen-Vermittlung.

Wir bestätigen Ihr Schreiben vom 22.6.1935. Wir
bedauern sehr, Ihnen Lehrlinge für Ihre Buchhandlung, solange
sie in nichtarischem Besitz ist, nicht zuteilen zu können,
da die Gewähr für die Einhaltung des Lehrvertrages durch
Sie nicht mehr gegeben ist. Sollten Sie uns jedoch mitteilen, daß die Überführung Ihrer Firma in arischen Besitz
durchgeführt ist, so ist der Gau Groß-Berlin gern bereit,
der Firma Lehrlinge zuzuweisen.

Heil Hitler!

Fünf Tage später diktiert der Geschäftsführer des Gau Groß-Berlin, Höynck, eine abschlägige Antwort, möchte aber seine Begründung politisch absichern. Er schickt den Brief nicht ab, sondern wendet sich einen Tag später an den für die Lehrlingsausbildung zuständigen Börsenverein, um den »Fall Lachmann« zum Präzedenzfall zu machen.

Börsenverein der Deutschen Buchhändler zu Leipzig

Absender: Börsenverein der Deutschen Buchhändler, Leipzig C 1, Postfach 274/275

An den

Gau Gross-Berlin im Bund
Reichsdeutscher Buchhändler,

B e r l i n W 35
-.-.-.-.-.-.-.-.-.

Potsdamer Privatstr. 121d.

Geschäftsstelle: Einscheweg 26 · Postscheckkonto: Leipzig 13463
Fernruf: 708 56 · Nach Geschäftsschluß 19707 · Drahtwort: Buchbörse
Bankkonten: Allgemeine Deutsche Credit-Anstalt, Leipzig C 1, Brühl 75-77
und Commerz- und Privatbank Dep.-K. III, Leipzig C 1, Johannisplatz 1

Ihre Zeichen	Ihre Nachricht vom	Unsere Zeichen	Leipzig, den
Mu.	28.6.35.	VI 1/1a. 6/St.	4.7.35.

Ausgangsstelle: Sekretariat.
Betrifft: Lehrlingsausbildung.

EINGEGANGEN
-5. JUL. 1935
mit......2...Anlagen
Aktenz.:....9421....

Sehr geehrter Herr H ö y n c k ,

    wir erhielten das uns in Ihrem Auftrag gesandte Schreiben vom
28.6. mit Ihrer an den Buchladen Bayerischer Platz gerichteten Zu-
schrift vom 27.6.

Leider vermögen wir von uns aus nicht zu sagen - obwohl es uns unbedingt erforderlich erscheint -, ob es nichtarischen Buchhandels-
firmen untersagt werden kann, arische Lehrlinge auszubilden, da ent-
sprechende Bestimmungen der Reichsschrifttumskammer hier nicht vor-
liegen. Wir müssen Ihnen deshalb anheim geben, die RSK direkt um
Stellungnahme zu bitten. Selbstverständlich sind wir stark interessiert, die Entscheidung der RSK zu erfahren und wir bitten Sie,
uns diese sogleich in Abschrift mitzuteilen. Das Schreiben vom 27.
6. reichen wir anliegend zurück.

                H e i l H i t l e r !
                Die Geschäftsstelle.

Der Börsenverein begrüßt zwar die antijüdische Tendenz in
dem Antwortentwurf von Höynck, erkennt aber eine Lücke
in den Vorschriften und schlägt vor, sich an die Reichsschrifttumskammer zu wenden.

An den

Herrn Präsidenten der
Reichsschrifttumskammer,

B e r l i n W.8.
Leipzigerstr.19.

Gau Groß-Berlin.   Hö/Mu.   6.Juli1935.
Lehrlingsausbildung.

      Der Gau Groß-Berlin im Bund Reichsdeutscher Buch-
händler befaßt sich im Rahmen seiner Geschäftstätigkeit auch
mit der Zuweisung von Lehrlingen für den Berliner Buchhandel
und konnte in den wenigen Monaten seiner Tätigkeit bereits
eine ganze Reihe männlicher und weiblicher Lehrlinge an Verleger und Sortimenter vermitteln.

      Ich bitte Sie, von beiliegender Anfrage der Firma
Buchladen Bayrischer Platz, Inhaber Benedict Lachmann, vom
22. Juni 1935 Kenntnis zu nehmen. Ich stehe auf dem Stand-
punkt, daß der Gau Groß-Berlin heute Nichtsriern arische Lehrlinge, denn nur solche melden sich noch, für den Buchhandels-
beruf nicht mehr vermitteln kann.

      Bei der Firma Lachmann handelt es sich darum, daß
der bisherige nichtarische weibliche Lehrling wegen Aussichts-
losigkeit gekündigt hat und einen anderen Beruf ergreifen
will und daher keine Verpflichtung hat, einen Ersatzlehrling
zu stellen. Außerdem war der Geschäftsführer der Firma Buch-

                               - 2 -

Der Gau Groß-Berlin greift diesen Vorschlag umgehend auf
und schickt eine Anfrage an den Präsidenten der RSK, ob die
Position, dass ein »nicht-arischer« Buchhändler keine Lehrlinge mehr ausbilden darf, von der RSK grundsätzlich befür-
wortet wird.

6.Juli 1935.
den Herrn Präsidenten der Reichsschrifttumskammer, Berlin W.8.

    laden Bayrischer Platz auf meiner Gau-Geschäftsstelle und erkundigte sich nach der Möglichkeit einer Übernahme dieses Geschäftes.

    Da also der Zustand bei der Firma sehr unsicher ist und wir es nicht verantworten können, einen Lehrling einer Firma nachzuweisen, die unter Umständen den Lehrvertrag nicht einhalten kann, bitte ich um Mitteilung, ob der im Entwurf beigelegte Brief des Gaues vom 27.Juni 1935 an die Firma abgesandt werden kann. Aus dem abschriftlich beigefügten Brief von Herrn Professor Menz vom 4. Juli 1935 ersehen Sie, daß auch der Börsenverein an der Klärung dieser Frage interessiert ist, da derartige Entscheidungen nicht nur für Berlin zu treffen sind. Die gesandten Unterlagen erbitte ich zurück.

              Heil Hitler!

                        Gustav Langenscheidt, Gauobmann.

4 Anlagen.

Die Wichtigkeit der Angelegenheit erkennt man schon daran, dass der Gauobmann, Gustav Langenscheidt, unterzeichnet.

Ob die Angaben stimmen, dass Paul Behr sich damals schon über die Möglichkeit einer Geschäftsübernahme erkundigt hat, kann man nicht mehr feststellen.

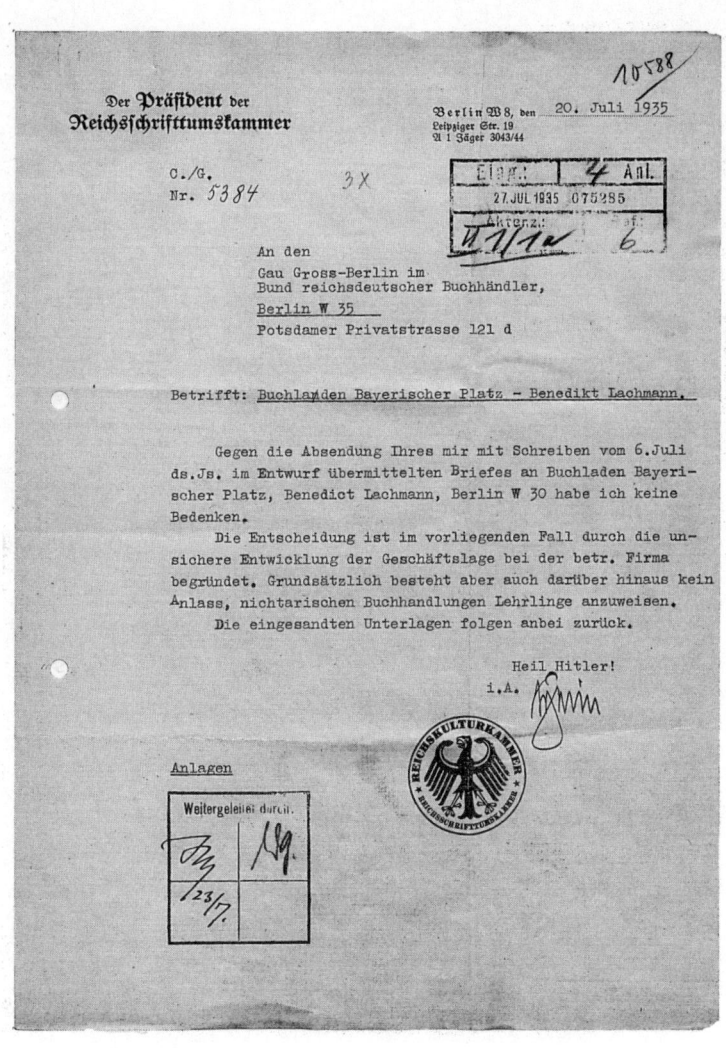

Der **Präsident** der
Reichsschrifttumskammer

10588

Berlin W 8, den 20. Juli 1935
Leipziger Str. 19
A 1 Jäger 3043/44

C./G.
Nr. 5384   3 X

```
┌─────────────────────────────┐
│ Eing.:        4  Anl.       │
│ 27. JUL. 1935  075285       │
│ Aktenz.:              f:    │
│   II 1/1 w          6       │
└─────────────────────────────┘
```

An den
Gau Gross-Berlin im
Bund reichsdeutscher Buchhändler,
Berlin W 35
Potsdamer Privatstrasse 121 d

Betrifft: Buchladen Bayerischer Platz – Benedikt Lachmann.

    Gegen die Absendung Ihres mir mit Schreiben vom 6.Juli
ds.Js. im Entwurf übermittelten Briefes an Buchladen Bayerischer Platz, Benedict Lachmann, Berlin W 30 habe ich keine
Bedenken.
    Die Entscheidung ist im vorliegenden Fall durch die unsichere Entwicklung der Geschäftslage bei der betr. Firma
begründet. Grundsätzlich besteht aber auch darüber hinaus kein
Anlass, nichtarischen Buchhandlungen Lehrlinge anzuweisen.
    Die eingesandten Unterlagen folgen anbei zurück.

Heil Hitler!
i.A.

Anlagen

```
┌─────────────────────┐
│ Weitergeleitet durch.│
│                     │
│   /23/7.            │
└─────────────────────┘
```

Die Reichsschrifttumskammer segnet den ursprünglichen
Antwortbrief an Lachmann und die darin enthaltene Begründung ab. Damit ist eine Lücke in den Vorschriften zur
Diskriminierung jüdischer Buchhandlungen geschlossen.

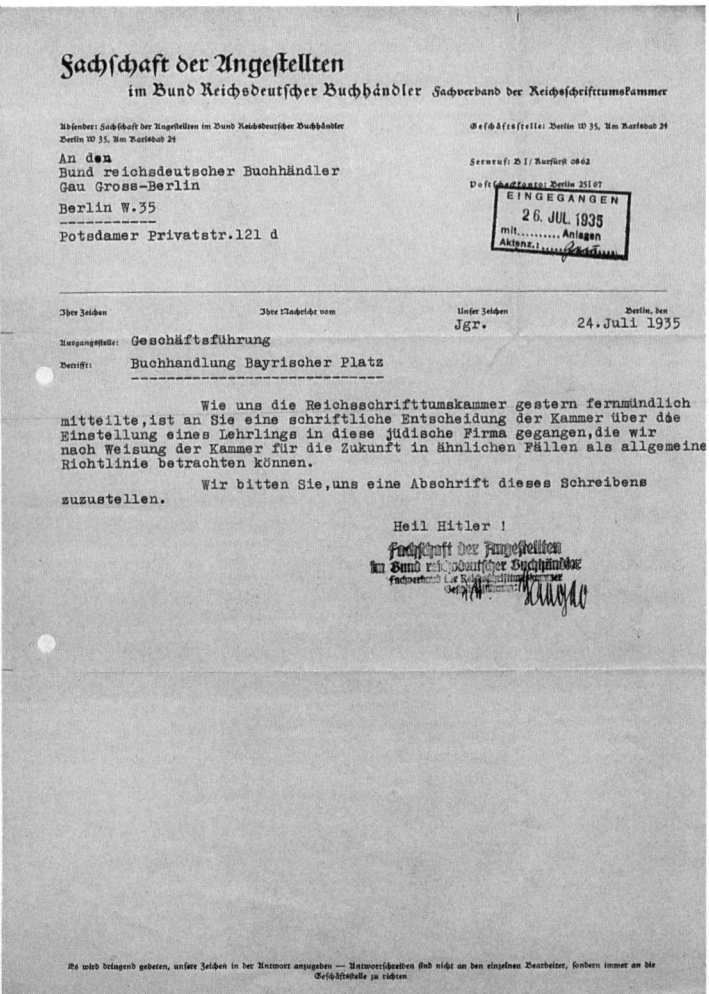

Fachschaft der Angestellten

im Bund Reichsdeutscher Buchhändler Fachverband der Reichsschrifttumskammer

Absender: Fachschaft der Angestellten im Bund Reichsdeutscher Buchhändler
Berlin W 35, Am Karlsbad 24

Geschäftsstelle: Berlin W 35, Am Karlsbad 24

An den
Bund reichsdeutscher Buchhändler
Gau Gross-Berlin

Berlin W.35

Potsdamer Privatstr.121 d

Fernruf: B 1 / Kurfürst 0862

Postscheckkonto: Berlin 25107

EINGEGANGEN
26. JUL. 1935
mit.......... Anlagen
Aktenz.:................

Ihre Zeichen	Ihre Nachricht vom	Unser Zeichen	Berlin, den
		Jgr.	24.Juli 1935

Ausgangsstelle: Geschäftsführung

Betrifft: Buchhandlung Bayrischer Platz

             Wie uns die Reichsschrifttumskammer gestern fernmündlich
mitteilte,ist an Sie eine schriftliche Entscheidung der Kammer über die
Einstellung eines Lehrlings in diese jüdische Firma gegangen,die wir
nach Weisung der Kammer für die Zukunft in ähnlichen Fällen als allgemeine
Richtlinie betrachten können.
             Wir bitten Sie,uns eine Abschrift dieses Schreibens
zuzustellen.

                          Heil Hitler !

                          Fachschaft der Angestellten
                          im Bund reichsdeutscher Buchhändler
                          Fachverband der Reichsschrifttumskammer
                          Geschäftsführer

Es wird dringend gebeten, unsere Zeichen in der Antwort anzugeben — Antwortschreiben sind nicht an den einzelnen Bearbeiter, sondern immer an die Geschäftsstelle zu richten

Die Fachschaft der Angestellten im *Bund Reichsdeutscher Buchhändler* reagiert schnell – sie möchte die Richtlinie der RSK als Grundlage für eigene Entscheidungen nutzen.

An den

Buchladen Bayrischer Platz,
Benedict Lachmann,

Berlin W.30,
Bayrischer Platz 13/14.

        22.6.35.   Hü/Mu.   14.Aug.1935.
Gau Groß-Berlin.
Lehrstellen-Vermittlung.

      Wir bestätigen Ihr Schreiben vom 22.6.1935.
Wir bedauern sehr, Ihnen Lehrlingen für Ihre Buchhandlung,
solange sie in nichtarischem Besitz ist, nicht zuteilen
zu können, da die Gewähr für die Einhaltung des Lehrvertrages durch Sie nicht mehr gegeben ist. Sollten Sie uns
jedoch mitteilen, daß die Überführung Ihrer Firma in
arischen Besitz durchgeführt ist, so ist der Gau Groß-
Berlin gern bereit, der Firma Lehrlinge zuzuweisen.

               Hochachtungsvoll

               Paul Weber, stellv.Gauobmann.

Nach diesem hektischen Briefverkehr hinter den Kulissen, von dem Lachmann nichts ahnen kann, erhält er mit Datum vom 14. August genau die Antwort, die unter dem Datum vom 27. Juni als Entwurf dokumentiert ist.

Moderne Buchhandlung
und
Leihbibliothek

Fernsprecher: B 6 Cornelius 3137

Bankkonto:
Dresdner Bank
Berlin W 30, Bayerischer Platz 2

Postscheck-Konto: Berlin 680 24

Buchladen Bayerischer Platz
Benedict Lachmann

Berlin W 30, den......20..August........1935
Bayerischer Platz 13-14

An den
Bund Reichsdeutscher Buchhändler, Fachverband der
Reichsschrifttumskammer
Gau Gross-Berlin,

Berlin W 35,
Potsdamer Privatstr. 121 d.

EINGEGANGEN
21. AUG. 1935
mit............Anlagen
Aktenz.:...............

Auf Ihr Schreiben vom 24. 8. 35 teile ich Ihnen mit, dass unsere
Firma folgende Angestellte beschäftigt:

1. Herrn Paul Behr (Mitglied der Reichsschrifttumskammer,
   Ausweis B Nr. 19480),

2. Fräulein Else Senske (Mitgliedder Reichsschrifttumskammer,
   Ausweis E Nr. 6434),

3. Herrn Hans Galland.

Da Sie nur die Meldung derjenigen Angestellten forderten, die mit
Ausweisen durch die Fachschaft der Angestellten im Bund Reichsdeutscher Buchhändler versehen sind, habe ich veranlasst, dass sich
Frl. Senske bei Ihnen meldet. - HerrHans Galland, der zur Probe
engagiert ist und dessen Mitgliedschaft bei der genannten Fachschaft vom Herrn Präsidenten der Reichsschrifttumskammer noch nicht
entschieden ist, wird sich sofort nach Erhalt seines Ausweises
bei Ihnen melden.

Mit deutschem Gruss!

Buchladen Bayerischer Platz
Benedict Lachmann
Berlin W 30, Bayerischer Platz 13/14.

i.V.

Offenbar steht der Buchladen Bayerischer Platz nun unter genauer Beobachtung. Paul Behr muss mitteilen, welche Angestellten in der Buchhandlung arbeiten und ob sie Mitglied in
der *Fachschaft der Angestellten* sind.

Abschrift

Leipzig, 23.9.37

An den
Gau Berlin der Gruppe Buchhandel
in der Reichsschrifttumskammer

B e r l i n W 35

Betr. Leihbücherei   Akt.Zch.: III A 4.D.

Sie werden um möglichst rasche Mitteilung gebeten, wer der
Inhaber des Buchladens Berlin, Bayerischer Platz, Speyererstr.15,
ist. Dieser Buchladen soll in der Zeit vom April – Juni 1937
in einer jüdischen Zeitung inseriert haben.
Für Eilbehandlung wollen Sie bitte Sorge tragen.

                    Im Auftrage

                    gez. Rommel

- -

Originalbrief am 5.10.37 Herrn v.Heuduck
zur Stellungnahme übergeben.
Am 5/10.37 Herrn Korchau weitergereicht

Evtl. Buchladen Bayrischer Platz
Benedict Lachmann, Bayr. Platz 13 ?

Zwei Jahre später, inzwischen ist der Buchladen an Paul Behr
übergegangen, wird nochmal – offenbar vom Börsenverein in
Leipzig – nachgehakt. Der Buchladen hat in einer jüdischen
Zeitung inseriert und deswegen gegen die Vorschriften ver-
stoßen. Ob diese Anzeigen noch von Benedict Lachmann
oder schon von Paul Behr aufgegeben wurden, lässt sich nicht
mehr feststellen.

BENEDICT LACHMANNS LEBEN ist schwierig geworden. Angriffe auf seinen Buchladen, Schmierereien und Beschimpfungen führen zu einem persönlichen Zusammenbruch.

Paul Behr wird ganz sicher aufgefordert worden sein, den Buchladen zu verlassen, denn es ist nicht angezeigt, bei einem Juden angestellt zu sein. Er bleibt, hält den Betrieb aufrecht. War er einer der wenigen Vertrauten Lachmanns?

Johannes Behr, Sohn von Paul, schreibt am 8. Mai 1999 an den Buchladen: »Mein Vater Paul Behr war nicht nur der Erste Sortimenter von Herrn Lachmann, sondern hat seit 1919 als Angestellter ... gearbeitet und sich im Laufe der Jahre das fachliche und menschliche Vertrauen von Benedict Lachmann erworben.«

Benedict Lachmann tritt 1936 eine Reise nach London an, eine Postkarte an eine seiner Angestellten kann das beweisen, und kehrt nach Berlin zurück.

1937 verkauft Benedict Lachmann unter dem gegebenen politischen Druck seinen Buchladen Bayerischer Platz an Paul Behr. Wie viele seiner jüdischen Kollegen hat er keine Wahl – er muss verkaufen. 1937 erlischt der Eintrag: »Buchladen Bayerischer Platz, Benedict Lachmann, Buchhandlung und Verlag«.

Er wird am 24. April 1937 ersetzt durch: »Buchladen Bayerischer Platz Paul Behr, Bayerischer Platz 13/14 Berlin W30«. Handschriftlich wird hinzugefügt: »Paul Behr war bisher Prokurist d. Firma und unter der Nr. 19480 d. RSK a. 30.5.1934«.

Benedict Lachmann ist sechzig Jahre alt.

Der Buchhändler gehörte zu den Verfolgten und Verzweifelten, die 1938 in Calau bei Familie Ball Zuflucht suchten. Die jüdische Familie Meyer Ball betrieb Wollhandel und gründete später die Privatbank Meyer Ball Söhne in Berlin am Leipziger Platz 19. 1825 ließen sie sich in Calau nieder und stifteten die Ball'sche Bücherei. In der frühen Zeit des Nationalsozialismus laden sie verfolgte Freunde ein. Aber bald ist das nicht mehr möglich. Man verlangt von der Familie die Übergabe der Bücher-Sammlung an die Stadtbibliothek, dem sie sich widersetzen. Schließlich müssen auch sie Deutschland verlassen. Einige emigrieren nach Palästina oder andere Länder, andere sterben in Konzentrationslagern.

Das Haus Calau, in dem Benedict Lachmann noch etwas unbeschwertere Tage verleben konnte, wurde von den Nationalsozialisten arisiert und am Kriegsende völlständig niedergebrannt. Er schreibt in einem erhaltenen Brief: »Ich kann Euch gar nicht sagen, wie wohl ich mich hier fühle. Jede Erwartung ist übertroffen, und ihr könnt Euch nicht denken, welchen Dienst Ihr mir erweist, dass ich hier hausen kann.« – Lachmann arbeitet an seinem Buch *Der Bürgerkönig* – »Auch habe ich große Lust zum Arbeiten gehabt, selbst die Tatsache, dass ich kein Geld habe und die Berliner Zensur noch nicht entschieden hat, wovon für mich viel abhängt, stört mich wenig. In England scheint meine Sache, wie es scheint, in sehr guter Entwicklung, und wenn es klappt, habe ich keine Sorgen für die Zukunft.«

À PROPOS ENGLAND UND AUSWANDERUNG: Nach den ersten Verhaftungen Ende Februar und den ersten Pogromen gegen jüdische Geschäfte (mit Parolen wie »Juda verrecke« oder »Deutsche, kauft nicht bei Juden«) am 1. April 1933 flohen fast vierzigtausend Juden und/oder politisch Verfolgte aus Deutschland, viele von ihnen in die benachbarten Länder Österreich, Tschechoslowakei, Frankreich oder in die Schweiz, die sich allerdings gegenüber Flüchtlingen als wenig gastfreundlich erwies, viele nur kurze Zeit duldete oder abschob. In den darauf folgenden Jahren sank die Zahl auf jährlich etwa zwanzigtausend Emigranten, obwohl vor allem durch die Nürnberger Gesetze 1935 die rechtliche Lage der Juden weiter verschlechtert wurde (sie waren nur noch Staatsbürger zweiter Klasse, durften viele Berufe nicht mehr ausüben, nicht mit Nicht-Juden Ehen eingehen etc). Nachdem sich die Lage infolge der Olympischen Spiele 1936 zu beruhigen schien, machten die deutschlandweiten Pogrome im November 1938 vielen endgültig klar, dass die Nationalsozialisten mit ihrem Rassenwahn und ihrem Antisemitismus Ernst machten. Synagogen wurden abgebrannt, Geschäfte zerstört und geplündert, Arzt- und Rechtsanwaltspraxen gestürmt, Tausende verhaftet und in Konzentrationslager gebracht (von Berlin aus ins nahe Sachsenhausen) – und Polizei und Mitbürger sahen zu. So stieg die Zahl der Emigranten 1938 auf über vierzigtausend, 1939 auf fast achtzigtausend.

Die Emigration wurde aber durch viele Hindernisse erschwert. Zunächst einmal durch die 1934 massiv verschärfte »Reichsfluchtsteuer«, wonach Auswandernde einen hohen Betrag für die Ausreisegenehmigung zu zahlen hatten; später wurde festgelegt, dass Juden ihr (so vorhanden) Vermögen nicht ins Ausland mitnehmen oder dorthin transferieren durften, ab 1939 wurde ihnen in den Pass ein großes, rotes »J« eingestempelt, was sowohl ihre Ausreise wie ihre Einreise ins Ausland erschwerte. Und ab Oktober 1941 herrschte absolutes Ausreiseverbot.

Dazu kamen Restriktionen der meisten Staaten, in die Juden emigrieren wollten. Sie mussten ein sogenanntes »Affidavit« vorlegen, d.h. die eidesstattliche Erklärung eines Bürgers des Landes, in das sie einreisen wollten, dass er für ihren Lebensunterhalt sorgte; viele Länder ließen nur Menschen mit handwerklichen Berufen hinein (die aber oft gar nicht das Geld für eine Ausreise hatten) oder ließen nur ein bestimmtes Kontingent von Emigranten einreisen bzw. Emigranten mit gehobenen Berufen, die in den jeweiligen Ländern gebraucht wurden (Wissenschaftler, Ärzte, Architekten). Selbst die Emigration nach Palästina war durch die englische Mandatsverwaltung stark eingeschränkt. Das alles bedeutete, dass sehr viele Ausreisewillige aus finanziellen und anderen Gründen nicht in der Lage waren, diese letzte Chance, den Verfolgungen zu entkommen, zu ergreifen. Und zu denen gehörte auch Benedict Lachmann.

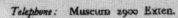

Telephone: Museum 2900 Exten.   *Telegrams:* Servus Westcent London   *Cablegrams:* Servus London

SOCIETY OF FRIENDS (QUAKERS)

Germany Emergency Committee

(Appointed by Friends Service Council and Meeting for Sufferings)

BLOOMSBURY HOUSE, BLOOMSBURY STREET,
LONDON, W.C.1.

Chairman :
GEORGE B. JEFFERY

Vice-Chairmen :
EDITH M. PYE
HERBERT ROWNTREE

PLEASE QUOTE
HB/16936/CW.

Hon. Secretary:
HILDA CLARK

General Secretary:
BERTHA L. BRACEY

15th August 1939.

re Mr. Benedikt LACHMANN:

Dear Sir,

     I am approaching you on behalf of Mr. Lachmann who is living
now in somewhat unhappy circumstances in Germany and whom we should
very much like to help to come to this country. We have so far
unfortunately not been able to find a guarantor for Mr. Lachmann.
He has been very well recommended to us as a case worth helping
by our Friends Centre in Berlin who say:" Mr. Lachmann's references
seem to be of the best, he is an author of some standing, having
just had his latest book published here. He is an elderly gentleman
of pleasant appearance, speaking a little English with great hopes
of finding a guarantor in England."

     Why I am turning to you explains itself by reason of the
work Mr. Lachmann has been doing, and I should be so very grateful
to you for any suggestion you could possibly make on the matter.
I am enclosing his Curriculum Vitae and one of our guarantee forms
for your kind attention.

     We are very anxious to find help for Mr. Lachmann and
I therefore hope you will forgive me troubling you with this letter.

Yours faithfully,

Herta Blau.

(Mrs.) Herta BLAU.

- Elmhirst,Esq.,
Dartington Hall,   Acknowledged - forms returned in Mr.Elmhirst's
Devon.   absence.

If you are in communication with any other Committee
concerning this case, please give details and reference number.

**Brief der *Society of Friends* mit der Bitte um Bürgschaft
für Benedict Lachmann, August 1939**

DIE SORGEN BLEIBEN. Die Emigration bleibt unsicher und
der Brief der *Society of Friends* (Quakers) mit der Bitte um
Bürgschaft für Benedict Lachmann, bleibt erfolglos.
Am 18. Oktober 1941 wird Benedict Lachmann nach Łódź
(Litzmannstadt) deportiert und kommt durch die unmensch-
lichen Umstände am 4. Dezember 1941 dort ums Leben.

47

Am 12. Dezember 2011 schreibt Jens-Jürgen Ventzki, Sohn des durch die nationalsozialistische Besatzungsmacht eingesetzten Oberbürgermeisters und Architekten des Ghettos von Litzmannstadt, an den Buchladen: »Inzwischen habe ich feststellen können, wo Benedict Lachmann im Ghetto gelebt hat, in der Kreuzstrasse 11/4. Ich habe einige Fotos vom Haus ›Kreuzsstrasse 11‹ aufgenommen.«

Die Schwestern Anna und Rosa werden nach Theresienstadt deportiert und dort ermordet. Benedicts Schwester Martha emigriert mit ihrem Ehemann und dem Sohn Peter nach England. Als »feindliche Ausländer« aus England ausgewiesen, erreichen sie auf dem berüchtigten Truppentransportschiff HMT Dunera Australien.

Von Benedict Lachmann gibt es kaum Informationen über seine privaten Lebensumstände. Es gibt wenige Briefe, einige Artikel und einige Bücher. Aber es gibt kein Foto.

DER NACHFOLGER

Paul Behr
Fakten und Vermutungen

Paul Behr wird am 5. Juli 1900 in Pommerswitz in Oberschlesien geboren. Er wächst als drittes Kind der Eltern Franz und Bertha mit vier Geschwistern auf, geht nach Berlin und tritt 1919 in die Lehre bei Benedict Lachmann ein. Dieser hat gerade einen Buchladen am Bayerischen Platz 13/14 gegründet und könnte sich über den neuen Mitarbeiter gefreut haben. Paul ist 19 Jahre alt, engagiert und lebensfroh. Paul hat sich eine gute Gegend ausgesucht und einen guten Buchladen außerdem. Dass dieser Lebensschritt sein ganzes Leben bestimmen wird, ahnt er noch nicht.

Es herrschte Nachkriegszeit und Aufbruchszeit, Erwartung und Chaos, Berlin tanzte trotzdem in die Zwanziger, die man später die Goldenen nennen wird. Man ist bereit das Leben zu erobern und hat Visionen für die Zukunft. Im Berlin dieser Zeit ist zwar vieles verboten, aber kümmern tut das niemanden.

Der Bayerische Platz ist eine gute Adresse. Der Buchladen liegt günstig an der Ecke Speyerer Straße. Man flaniert, schaut sich die Auslagen in den Geschäften an und hofft, dass die Nachkriegsjahre rasch vergessen sein werden.

Bürgerlich war man dort ... große Wohnungen mit Dienstpersonal hatte man ... weltoffen war man ...

Albert Einstein lebt in der Haberlandstraße 5 und besuchte den Buchladen, schaute sich um, auch um mit dem Chef Benedict Lachmann zu plaudern.

UNTERDESSEN HATTE PAUL BEHR schon viel vom Buchladengeschäft erlernt, als sich die politische Rechte auf den Berliner Straßen mit der politischen Linken prügelte und Parteien wie Pilze aus dem Boden sprossen. Manche waren besorgt, andere witterten Frühlingsluft und wieder andere begannen zu ahnen, dass es zu keinem guten Ende kommen wird.

Paul Behr wird Erster Sortimenter. Er vertritt den Chef Benedict Lachmann, der im Romanischen Café verkehrt, diskutiert, an seinen Büchern arbeitet und immer wieder mit gesundheitlichen Problemen kämpft. Dass die politischen Verhältnisse zunehmend schwierig werden, wird ihm nicht verborgen geblieben sein.

Man schreibt das Jahr 1933, das Jahr der Machtergreifung der NSDAP. Die Stimmung wird vergiftet, die Bürger ergreifen Partei für die neue Ordnung, die Gesetze wenden sich gegen den Buchladen und seinen Buchhändler Lachmann. Schmierereien sind an der Tagesordnung. Paul Behr bleibt bei ihm und seinem Buchladen, obwohl die Politik von ihm, dem nun als »arisch« bezeichneten Buchhändler, anderes erwartet.

Jüdische Leserinnen und Leser werden in ihren Lebensmöglichkeiten beschränkt. Täglich werden neue Gesetze erlassen, Parteien, Berufsverbände, Sozialverbände, Sportvereine schließen sich der Politik der NSDAP an. Die gesellschaftliche Stimmung wendet sich nun mehrheitlich gegen alle jüdischen Menschen, ihre Geschäfte und ihre gesellschaftliche Teilhabe. Die Jahre zwischen 1933 und 1937 werden für den Buchladen und seine Buchhändler zum täglichen Spießrutenlauf.

1937 ordnet der nationalsozialistische Staat die Zwangsarisierung an. Paul Behr kauft im April den Buchladen Bayerischer Platz.

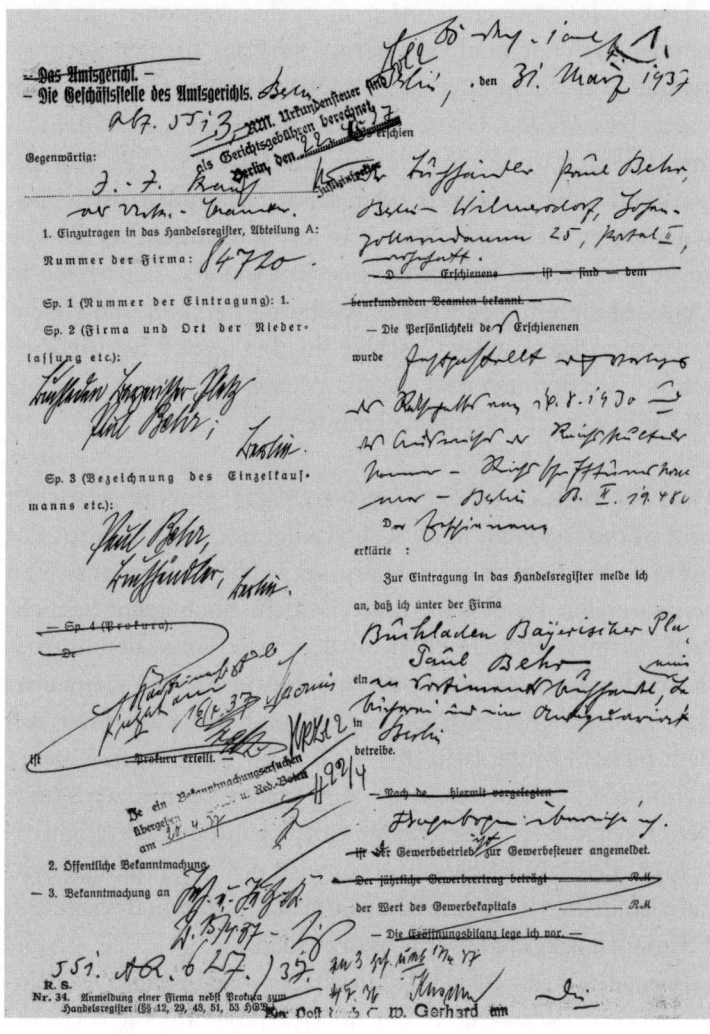

Eintrag im Handelsregister, Verkauf der Buchhandlung an Paul Behr

Die Arisierung hatte das Ziel, Juden aus dem Geschäftsleben
zu verdrängen, sei es durch Geschäftsaufgabe oder durch ver-
schiedene Maßnahmen erzwungenen Verkauf an »arische«
Geschäftsleute. Um das Ziel zu erreichen, gab es verschiede-
ne Vorstufen: bürokratische Schikanen, reduzierte oder ver-
teuerte Lieferungen, Werbeverbote, Boykotte durch »arische«
Kunden oder Zulieferer.

Diese Maßnahmen wurden nach den Pogromen im November 1938 nochmal verschärft. Der Erlös aus den Zwangsverkäufen fiel dem Staat zu. Schmuck, Antiquitäten mussten abgegeben werden; Häuser, Wertsachen, Ladengeschäfte, Firmen mussten weit unter Wert verkauft werden. Alle Wertgegenstände, die emigrierte oder deportierte Juden zurücklassen mussten, fielen dem Staat bzw. seinen Beamten zu, die sich gerne auch privat bedienten. Insofern war die Arisierung in Deutschland ein gigantisches Raubunternehmen und gleichzeitig ein gigantisches Geschäft für den Staat bzw. für »arische« Unternehmen und Geschäftsleute, die jüdischen Besitz sehr günstig »übernehmen« konnten.

Paul Behr hat in der Zwischenzeit Martha geheiratet und ist nun selbständiger Buchhändler in einer Diktatur. Robert Lennig, damals ein achtjähriger Schüler, erinnert sich an seinen ersten Besuch in dieser Zeit im Buchladen. Schüchtern betrat er das Geschäft, in dem sein Vater, der Journalist Walter Lennig, Kunde war, möchte die kleinen Hefte über den menschlichen Körper kaufen, und traf Paul Behr mit dem Bleistift hinter dem linken Ohr, der den jungen Kunden freundlich bediente. Dessen Vater, Walter Lennig, wird nach dem Krieg die erste Biographie Gottfried Benns schreiben.

1939, gleich mit Kriegsbeginn, wird der Buchhändler Behr zum Wehrdienst einberufen. Konnte er immer mal wieder im Buchladen arbeiten? Wir wissen es nicht.

Ein stellvertretender Geschäftsführer wird benannt. Der Volontär Ernst Wiederhold, der im Dezember 1937 der Reichsschrifttumskammer gemeldet wird, muss am 19. Dezember 1939 die Geschäftsführung des Buchladens übernehmen. Paul Behr wird als Hauptfeldwebel in Charlottenburg seine neue Arbeitsadresse haben.

Familie Behr ist vom Überleben Lachmanns überzeugt. Am 8. Mai 1999 schreibt der Sohn Johannes Behr an den Buchladen: »Mein Vater hat dann 1937 den Laden gekauft und den wertentsprechenden Kaufpreis gezahlt. Herr Lachmann ist danach mit seiner Familie nach London gegangen, von wo er sich

**Östliche Seite des Bayerischen Platzes, vom Süden aus gesehen.
Im Hintergrund: Kirche zum Heilsbronnen, August 1946**

im Jahr 1939 und 1940 noch bei meinem Vater gemeldet hatte.«
Woher diese falsche Information stammt, wissen wir nicht.

Beim großen Bombenangriff auf Berlin am 22./23. November
1943, und später nochmal am 3. Februar 1945, wird auch der
Bayerische Platz stark zerstört. Das herrschaftliche Haus mit
seinem Buchladen existiert seit 1943 nicht mehr. Alle Bücher,
alle Geschäftsunterlagen und die Dokumente der 24-jährigen
Buchladen-Geschichte gehen in Flammen auf.

Der *Tagesspiegel* fragt siebzig Jahre später seine Leser, wie sie
die Bombenangriffe am 3. Februar 1945 erlebten:
   Peter Hagen erinnert sich an den großen Angriff auf den
U-Bahnhof der Linie 4, an Stromausfall, beißenden Rauch,
den Einbruch der Decke, Verletzte und Tote, an Geschrei und
das Tauwasser, dass an diesem sonnigen Tag, den Schnee des
Winters schmelzen ließ.

Östliche Seite des Bayerischen Platzes, vom Süden aus gesehen.
Im Hintergrund: Kirche zum Heilsbronnen, August 1946

Rolf Mährholz, zurück in Berlin, nachdem er mit der Mutter von Schneidemühl in Westpreußen nach Berlin geflohen ist, findet an diesem Tag, seinem elften Geburtstag, einen Schuh mit einem halben Fuß am Bayerischen Platz.

Peter Kotzulla suchte mit seiner Mutter und seiner Schwester im U-Bahnhof Schutz, als aus einem amerikanischen Bomber zwei Bomben auf den Bayerischen Platz fallen. Zufallstreffer? Sie durchschlugen die Tunneldecke und töteten 63 Menschen, sagt er. Ihm fehlt das Vokabular für das Grauen.

Alle Zeitzeugen waren zum Zeitpunkt des Angriffs Kinder, und alle können das Ereignis nicht vergessen. »Heute würde man uns als traumatisiert bezeichnen«, sagt Peter Hagen.

Emma Eva Romahn arbeitete in der Bibliothek der TU Berlin. 1945 notierte sie täglich in einem Kalender ihre Erlebnisse während der Bombenangriffe und des Kriegsendes. Ihre Schwiegertochter Rosemarie, Kundin der Buchhandlung, überließ diesen Kalender der Buchhandlung:

Kriegszerstörte Synagoge in der Münchener Straße, 37.
Aufnahme vom 8. Juni 1953

»Sonnabend 3. Februar:
*Vormittags schwerer Terrorangriff, 1200 Bomber; Abends bei
Wieses zu sehr alkoholischem Skat. Es gab mehr als 3000 Tote.
Der stärkste angloamerikanische Luftangriff.*
*2272 Tonnen Spreng- + Brandbomben. 900 Kampfflugzeuge
begleiten die Bomber.*
Sonntag 4. Februar:
Schlafen. Kurt und Fritz nach Nauen zur Oma.
Montag 5. Februar:
Keine Zeitung. Keine Post.«

DIE SYNAGOGE IN DER MÜNCHENER STRASSE 37 wird von
1909 bis 1910 erbaut, am 9. November 1938 geschändet, am 23.
November 1939 stark beschädigt, bis Dezember 1942 werden
noch Gottesdienste abgehalten.

Am 22./23. November 1943 wurde das Vorderhaus der Synagoge durch den Bombenangriff vernichtet und die Synagoge
durch Feuer stark beschädigt. Am 4. Dezember 1956 wird die

Synagoge abgerissen. Heute befindet sich an dieser Stelle der Schulhof der Löcknitz-Grundschule.

Seit 1994 entsteht auf dem Grundstück auf Initiative der Schülerinnen und Schüler das »Denk-mal« für Mitbürger jüdischen Glaubens, die in Konzentrationslagern gewaltsam zu Tode gekommen sind. Ziel dieses einmaligen Projekts ist es, dass sich die Kinder altersgerecht mit der Judenverfolgung während des Nationalsozialismus auseinandersetzen.

Jede Schülerin und jeder Schüler sucht sich aus einer großen Liste den Namen eines jüdischen Bürgers heraus, dem er einen Stein widmen wird. Name, Geburtstage, Straße und Hausnummer können dabei Bezugspunkte sein. Bei einer feierlichen Zeremonie, werden die Steine von den Schülern in die Gedenkmauer eingefügt.

Eine große Gedenkmauer ist inzwischen entstanden. 2012 wurde die Schule für dieses Projekt mit dem Internationalen Obermayer German-Jewish History Award ausgezeichnet.

DIE KIRCHE ZUM HEILSBRONNEN war schon gebaut, als Benedict Lachmann seinen Mietvertrag verhandelte. Sie war jung und reckte sich hoch gegen den Berliner Himmel. Aus rotem Ziegel ist ihr Kleid. Sie wurde 1912 eingeweiht. Ihren Namen hat sie nach einem Prophetenwort aus Jesaja Kap. 12, Vers 3: »Ihr werdet mit Freuden Wasser schöpfen aus dem Heilsbronnen«.

Theodor Burckhardt war in den Jahren 1931 bis 1945 Pfarrer der Gemeinde und eine Säule der Bekennenden Kirche in Schöneberg. Er stellt fest, dass nach einer Zählung von 1935 23 Prozent der Bewohner des Gemeindebereichs nicht arisch sind. Das Schicksal der Juden konnte die Gemeinde nicht aufhalten, aber im Auftrag der Bekennenden Kirche sucht Fräulein von Arnim Bedrängte auf. Dank opferfreudiger Hilfe gelang es, den Untergetauchten Nahrung und Obdach in Berlin und außerhalb zu verschaffen.

Im Januar 1943 drohte dem Ehepaar Krakauer die Deportation. Damit begann eine Flucht, die erst 1945 endete. Durch ein Netzwerk der Bekennenden Kirche wurden sie von Pfarr-

Kirche zum Heilsbronnen in der Heilbronner Straße, um 1930

haus zu Pfarrhaus geschleust. Eine der Zufluchtsstätten war
vom 1. bis 7. August 1943 bei der Pfarrfamilie Burckhardt im
Heilsbronnen.

Heute sind aus dem Jahr 1912 noch die Portale und der Fußboden im Vorraum erhalten. Die übrige Inneneinrichtung
wurde am 22./23. November 1943 bei dem Bombenangriff

ein Raub der Flammen. Pfarrer Willigmann berichtet von den Kriegsereignissen: »Schauerlich war es, wenn wir nach der Entwarnung auf den Turm stiegen, um nach Brandbomben zu suchen. Dann schauten wir in das Flammenmeer der brennenden Stadtteile. Nur ein einziges Mal kamen wir nicht dazu. Das war in der Nacht vom 22. zum 23. November 1943. Da brannte unsere Kirche bis auf die Grundmauern nieder. Es war einer der schwersten Angriffe. Ruhig waren wir abends um ½ 10 Uhr in den Luftschutzkeller gegangen. Ein ununterbrochener Hagel von Bomben erschütterte Haus und Umgebung.«

Es ist die Bombennacht, in der auch der Buchladen völlig ausgebombt wird. Der Innenraum der Kirche wird 1956 in veränderter Form wieder aufgebaut, es werden die Seitenemporen herausgenommen und große Fenster eingebaut.

Gottfried Benn notiert 1945, dass der Platz drei Tage lang brennt. Er lebt seit Ende 1937 am Bayerischen Platz in der Bozener Straße 20 und bleibt bis zu seinem Tod 1956 dort. Abends sitzt er in seinem Stammlokal von Georg Dramburg, das heute Robbengatter heißt, beim Bier. Er kannte den Buchladen als Leser und Kunde. Walter Lennig ist sein Nachbar.

Martha Behr nimmt den Buchladen in ihre Wohnung mit. Sohn Johannes schreibt in einem Brief von 8. Mai 1999: »Meine Mutter Martha Behr hat von 1943 bis 1945 die Buchhandlung aus ihrer Privatwohnung, aufgrund der Zuteilungen der Verlage geführt und alte treue Kunden weiterhin bedient.«

Am 26. Februar 1944 gibt sie eine Anzeige im *Börsenblatt des Deutschen Buchhandels* auf und teilt allen Kollegen mit, dass der Buchladen Bayerischer Platz seit 25 Jahren besteht. Unterdessen konnte sie in eine Ladengemeinschaft mit Blumen-Hübner am Bayerischen Platz ziehen, wo »es kalt und feucht« ist. Blumen-Hübner gibt es noch immer an derselben Stelle.

Im Kalender, der die Geschehnisse des Jahres 1945 Tag für Tag festhält, schreibt Frau Romahn:

»3. Mai 1945
Nelly Thomann nimmt nach den Vergewaltigungen Veronal u. stirbt im Keller. Gleich früh suchen wir die geplünderte Wohnung von Frau Pfeiffer auf und bitten dort um Zimmer. Fünf in einem Zimmer verbringen wir eine ruhige Nacht.

4. Mai 1945
Vormittags Gang zum Büro. Plünderung im Lokal u. Keller des Nebenhauses. Pferdeleiber auf der Strasse, zerschossene Panzer, Streifen zu Pferde! In der Mehlbose vier Kurts Rad und Thomanns Schmuck mitgenommen. Gegen Abend zieht das Gros der Russen ab.

6. Mai 1945
Vormittag Gang nach Steglitz in eine andere Welt. So wenig mitgenommen sieht die Gegend aus.

9. Mai 1945
Gestern eingerichtet in der Fasanenstraße. Dreistündiges Anstehen nach Brot in der Schaperstr. Viele Russen ziehen ab.

10. Mai 1945
Wieder drei Stunden nach Brot gestanden. Abends heftiges Salutschießen der Russen. Man hört dass Stalin in Berlin eingetroffen ist u. Churchill erwartet wird.«

Eingeklebter Zettel:
»An Romahn! Reimar 27. IV. gefallen. Franz seit 27.4. vermißt. Spittelmarkt ausgebrannt. Neue Geschäftsadresse noch unbekannt. Frau und Christel leben.«

Auf der Rückseite:
»Zettel von Weinitschke, Vorstandsmitglied von Curt an unserer Ruine in der Pragerstraße befestigt. Sohn gefallen; Bruder vermisst. Hauptgeschäft am Spittelmarkt ausgebrannt. Frau + Tochter vergewaltigt.«

Der Buchhandel nach 1945

Die Situation nach Kriegsende war in Berlin so wie in vielen stark von Luftangriffen gezeichneten deutschen Großstädten: die meisten Wohn- und Geschäftshäuser (und damit auch die Ladengeschäfte) zerstört, Lebensmittel rationiert, die städtische Infrastruktur (Wasser- und Stromversorgung, Brücken, Verkehrsmittel) demoliert, und eine Verwaltung, die sich an den Wiederaufbau machte, musste erst noch etabliert werden. In Berlin, das von der Roten Armee erobert und besetzt war, geschah das ab Mai zunächst unter sowjetischen Vorzeichen, bis im Juli 1945 auch die Westalliierten nach Berlin einrückten, die in London 1944 für die vier Siegermächte festgelegten Sektoren besetzten und dort auch eigene Verwaltungsstrukturen aufbauten. Nach vielen Konflikten und den ersten freien Wahlen in Gesamtberlin entwickelte sich lange vor dem Mauerbau eine faktische Spaltung zwischen den Westsektoren einerseits und dem Ostsektor andererseits; das betraf die Strukturen der Verwaltung, die Ziele und die Macht der neu gegründeten politischen Parteien, die unterschiedliche Währung (ab 1948) und, was auch den Buchhandel tangierte, die unterschiedliche Haltung zur Meinungs- und Pressefreiheit.

Gerade der Presse wurde von allen Alliierten größte Bedeutung zugemessen, sowohl was die Aufarbeitung der Nazi-Vergangenheit wie die politische Zukunft Deutschlands bzw. Berlins betraf. Sehr schnell wurden neue Zeitungen und Zeitschriften gegründet, teils – wie im Ostsektor – unter Kontrolle der sowjetischen Kommandantur, teils – wie in den Westsektoren – von Parteien oder Privatunternehmen, denen nach genauer politischer Prüfung eine Lizenz erteilt wurde. Schon bald bestimmten provisorisch zwischen den Trümmern errichtete Zeitungskioske mit erstaunlich vielen verschiedenen Zeitungen das Straßenbild. In den Westsektoren waren der *Tagesspiegel* und der *Telegraf* Mitte 1946 mit je 400 000 Exemplaren Auflage die erfolgreichsten, im Ostteil war es das *Neue*

Deutschland, die Parteizeitung der SED, die aus der Zwangs-vereinigung von KPD und SPD hervorgegangen war.

Der Buchhandel musste sich in dieser Situation neu erfinden. Die meisten Ladengeschäfte waren zerstört, die alten Buchbestände verbrannt. Doch es wurde wie überall improvisiert: man suchte sich Räume, z.T. in Wohnungen, die nicht zerstört waren; man kaufte und verkaufte private Bestände, handelte erstmal mit antiquarischen Büchern und versuchte, vor allem von den Berliner Verlagen, gerettete Lagerbestände einzukaufen.

Die Buchproduktion der Verlage lief nur langsam an. Das hatte mit der Papierknappheit zu tun, aber auch mit politischen Auflagen der jeweiligen Besatzungsmächte: Die Fortführung oder Neugründung einer verlegerischen Tätigkeit wurde von der politischen Vergangenheit der Inhaber abhängig gemacht, ebenso wie Neugründungen. Fragebogen mussten ausgefüllt werden, die noch umfangreicher waren als die Entnazifizierungsfragebogen, die der damals noch für Gesamtberlin zuständige Magistrat ausgegeben hatte. Das galt ebenso für Buchhandlungen, wobei allerdings jeder Sektor seine eigene Handschrift hatte: Im englischen Sektor wurden Lizenzen erst nach besonders strenger Prüfung vergeben, so dass man davon ausgehen kann, dass die Inhaber von Buchhandlungen im britischen Sektor keine Nationalsozialisten bzw. NSDAP-Mitglieder gewesen waren – das gilt auch für die Familie Behr, die, wohnhaft im britischen Sektor, die Lizenz für die Weiterführung des Buchladens Bayerischer Platz erhielt.

Es herrschte Bücherknappheit, aber gleichzeitig gab es einen immensen Lesehunger in der Bevölkerung. Es gab einen Nachholbedarf nicht nur nach Büchern, die vorher nicht vorhanden oder verboten waren (vor allem ausländische Literatur und die Bücher der verfemten deutschen Autoren), sondern überhaupt nach Lektüre – in den Jahren vor Kriegsende waren viele Buchhandlungen nicht nur zerstört, sondern auch von den Nazi-Behörden geschlossen worden, um Arbeitskräfte für kriegswichtige Aufgaben zu bekommen. Um diese Nachfrage befriedigen zu können, gab es viele provisorische

Einrichtungen wie Bücherkarren, fliegende Händler und private Leihbüchereien. Manche Buchhändler, die neue Bücher nur in geringer Anzahl von den Verlagen erhielten, baten ihre Kunden, die Bücher nach der Lektüre wieder zurückzugeben, damit andere sie auch noch lesen konnten.

Auf eine harte Probe gestellt wurde der Buchhandel in den Westsektoren durch die Blockade nach der Währungsreform 1948. Die Verbindung zu Westdeutschland (wo inzwischen die wichtigsten Verlage waren, denn viele Unternehmen hatten sich aus dem Osten, vor allem aus der Buchstadt Leipzig, wegen der dort herrschenden Zensur zurückgezogen und neue Domizile in Frankfurt, Stuttgart, München oder Hamburg gesucht) war gekappt – und die Luftbrücke war natürlich nur den allerwichtigsten Versorgungsgütern vorbehalten.

Auch diese Phase wurde überstanden, aber man zog Lehren daraus. Insbesondere nach dem Mauerbau 1961, der West-Berlin zu einer politischen und ökonomischen Insel machte. Manche Buchhändler mussten sich fragen, ob sie angesichts dieser riskanten Situation und der damit verbundenen Abwanderung von Berlinern in den Westen ihre Buchhandlung überhaupt weiterführen konnten. Die wichtigsten Verlage hatten danach ihre eigenen »Außenlager« und Auslieferungen in West-Berlin, die genügend Bestände hatten, um kurzfristige Störungen auf den Interzonenstrecken zu überbrücken und die Lieferzeiten zu verkürzen – zumal West-Berlin die für den Verkauf von Büchern wichtigste Großstadt war. Dieses System hielt sich bis zum Mauerfall, danach war Berlin eine immer noch wichtige, aber nicht mehr besonders gefährdete und besonders zu versorgende Buchstadt.

Ab Mitte der fünfziger Jahre war die Zeit der Provisorien vorbei. Gut sortierte und spezialisierte Buchhandlungen waren in allen Stadtteilen zu finden, auch in den besten Lagen, z.B. am Kurfürstendamm, weil die Mieten in Berlin moderat blieben (auch das eine Folge der Insellage), und weil der Lesehunger, gerade nach politischen Titeln, nach ausländischer und neuer deutscher Literatur, in Berlin besonders ausgeprägt war. Der Buchhandel war Teil einer aufblühenden Kultur, die

Martha und Paul Behr, um 1970

in den wieder eröffneten großen und kleinen Theatern, Konzertsälen, Galerien, Kinos, Jazzlokalen langsam zu dem internationalen Niveau und der Attraktivität der zwanziger Jahre zurückfand.

1950 WIRD WIEDER EIN GLÜCKSJAHR: Der Buchladen und sein Besitzer erhalten sofort die Lizenz zu Betreibung des Geschäfts. Martha zieht mit dem Buchladen in die Grunewaldstraße 59 und Paul Behr kehrt nach fünfjähriger Kriegsgefangenschaft zurück.

Buchladen Bayerischer Platz, 1962

Paul und Martha arbeiten nun zusammen. Sie beliefern Schulen und die Berliner Verwaltung. Sie sind erfolgreich, und Paul ist kaum zu stoppen. Erst 1975 hört er auf seine Frau Martha und gibt eine Anzeige im *Börsenblatt des Deutschen Buchhandels* auf:

»Der Buchladen Bayerischer Platz in Berlin sucht einen Nachfolger!«

Paul Behr ist nun 75, seine Frau Martha 76 Jahre alt.

Horst Pillau
Mein Bayerischer Platz

Berliner sind nicht einfach Berliner. Wir leben zwar in Berlin, im einstigen Westberlin, im Stadtbezirk Schöneberg, der nun einen Doppelnamen hat – Tempelhof-Schöneberg. Aber vor allem leben wir im Bayerischen Viertel und dort wiederum in unserem Kiez, der einem die engere Heimat bedeutet, ja die Heimat überhaupt, obwohl der Mensch heute mobil ist oder mobil sein sollte. Der Bayerische Platz mit seiner Umgebung, ist der scharf abgegrenzte Ort, in dem man sich wohlfühlt, den man ertasten könnte, in dem man viele Menschen kennt, einst kannte man sogar noch den beruhigenden Streifenpolizisten, der den Kiez zu Fuß durchstreift und mit den Leuten geplaudert hat.

Der Bayerische Platz: da fehlt allenfalls Bayern. Ein stattlicher Platz beiderseits der Grunewaldstraße, mit Park und ei-

Bayerischer Platz: Ostseite von der Grunewaldstraße aus, Zeilenbebauung und Hochhausprojekt. Architrekt Ollk, 1955

**Bayerischer Platz: Einweihung des vom Freistaat Bayern
gestifteten Löwendenkmals, 29. November 1958**

nem Löwen auf Stelzen. Hier leben Leute, die meist Deutsch,
Türkisch, Russisch oder Bayerisch sprechen und ungestraft
hier wohnen dürfen. Ich bin in Wien geboren, aber schon mit
dem zweiten Lebensjahr nach Berlin übersiedelt. Wien gül-
det nicht, ich sehe mich also als Urberliner, Schöneberger
seit 1937 und Kiezbewohner. Unser Kiez um den Bayerischen
Platz herum wird, in etwa, begrenzt von der Martin-Luther-
Straße in der einen Richtung und der Bundesallee in der anderen. Verlässt man ihn, betritt man, ich möchte nicht sagen,

feindliches Ausland, aber man befindet sich schon fast in der Fremde. Den Wiener Dialekt habe ich nie gesprochen, ich sage etwa Bettlaken statt Leintuch. Ich spreche Hochdeutsch oder berlinere in Stücken und Büchern, aber sogar da gibt es sprachliche Unterschiede. Ost- und West-Berlin wachsen seit einem Vierteljahrhundert zusammen, aber immer noch gibt es ein unterschiedliches Vokabular. Alle bei uns wissen, was ein Boiler ist, der Broiler ist den meisten unbekannt. Als Autor lebt man möglichst meist in seiner Sprachheimat, aber der regionale Dialekt ist auch wichtig und kann wahlweise liebevoll oder lautstark zur Verständigung eingesetzt werden.

Wer seine Sprachheimat verliert, kann lebensmüde werden und den Tod suchen, wie etwa Stefan Zweig oder Kurt Tucholsky. Die jahrelange erzwungene Trennung von Land und Kiez hat aber ein Schöneberger Dichter wunderbar und souverän überstanden, dessen Bild samt kurzer Biografie auch am Bayerischen Platz zu sehen ist, nämlich in der gleichnamigen U-Bahn-Station. Carl Zuckmayer ging nicht unter, er ist im Exil in Vermont Farmer, also Bauer geworden und hat so die dunklen deutschen Jahre unbeschadet überlebt. Er hat dort sogar, ja dort, sein Stück *Des Teufels General* geschrieben,

Bayerischer Platz: Blick von der Grunewaldstraße aus, 1964

mit dem er sich fehlerfrei in die Nazizeit versetzen konnte und der, etwa von O.E. Hasse oder Curd Jürgens verkörpert, in einem wunderbaren Monolog Rassenwahn und Fremdenfeindlichkeit verdammt hat. Zuckmayers kraftvollen Lebensbericht *Als wärs ein Stück von mir* lese ich immer wieder.

Schöneberg und der Bayerische Platz haben eine eigene U-Bahn und ihre eigenen Dichter. Eine U-Bahn mit nur fünf Stationen, sie verbindet uns aber mit Berlin und mit der ganzen Welt. Viele Schriftsteller und Geistesgrößen, vor allem jüdische, die fliehen mussten oder ermordet wurden, haben in den umliegenden Straßen gewohnt, bis sie das Exil erreichten oder abgeholt wurden. Goldfarbene kleine quadratische Stolpersteine in den Gehsteigen vor vielen Hauseingängen erinnern an sie, auch Schilder an Straßenlaternen, in denen an die Drangsalierung und Demütigung der jüdischen Mitbürger erinnert wird: viel berührender als das kalt lassende Stelenfeld in Berlin-Mitte. Urlaubergruppen werden durch unsere Straßen zu ihnen hingeführt und hoffentlich auch in das Untergeschoss der erneuerten U-Bahn-Station, das zu einem Museum sondersgleichen geworden ist. Statt des früheren bunkerartigen Betonklotzes ist nun ein heutiges, helles Bauwerk mit dem Café Haberland entstanden, nach Salomon und Georg Haberland genannt, den Gründern des Viertels.

In dieser Station kann man sich mit den berühmten Schönebergern vertraut machen, Berlinern, die wichtig sind. Für mich speziell sind das der Dichter und Hautarzt Dr. Gottfried Benn, der bis zu seinem Lebensende einen Häuserblock weiter gewohnt hat, in den umliegenden Kneipen sein einsames Bier trank und erschütternde Gedichte und bewegende Briefe geschrieben hat, vielleicht bin ich einst ab und zu an ihm vorbeigegangen. Aber ich grüße und zitiere ihn, wenn ich beim Spaziergang sein Haus passiere. Die sehr berlinische Sängerin Claire Waldoff, der ich am Kudamm in meinem Stück *Zille* versucht habe, ein Denkmal zu setzen. Der Wiener Schriftsteller und k.-und k.-Satiriker Roda Roda, an dessen Geschichten meist aus der Kaiserzeit ich in der gleichnamigen Fernsehreihe des Österreichischen Rundfunks mit der Crème des Wiener Burgtheaters erinnert habe. Roda Roda hieß eigentlich Sandor Friedrich Rosenfeld, aber seine Eltern wussten, wie gefährlich dieser Name war und nannten sich vorsichtshalber Roda, das serbokroatische Wort für Storch.

Hier wohnten auch zeitweise Egon Erwin Kisch, der große Reporter aus Prag, der einen Wien erschütternden militärischen Spionageskandal aufgedeckt hat, und Albert Einstein, der geniale Physiker mit der herausgestreckten Zunge auf dem weltberühmten Foto, mit dem ich mich noch heute fast wöchentlich unterhalte, es sei denn, wir schweigen zusammen. Denn Einstein, der alte schwarze Kater aus unserem Dorf in der märkischen Spargelgegend, ist wohl eine Reinkarnation des Nobelpreisträgers. Er legt sich bei seinen Besuchen in meinen Lesesessel oder auf meinen Schreibtisch.

Caputh am nahen Schwielowsee, wo er ein schlichtes Holzhaus besaß, und der Einsteinturm in Potsdam sind seine Bezugspunkte, die er wohl manchmal versonnen aufsuchen mag. Theodor Heuß habe ich einmal für den RIAS interviewt, auch Günter Grass, kurz nach der *Blechtrommel*, in der Niedstraße. Hildegard Knef, die selbst in den USA als Hildegarde Neff noch einen Koffer in Berlin hatte, habe ich in ihrer ganz frühen Zeit in Boleslaw Barlogs Steglitzer Schlossparktheater gesehen, etwa in dem Stück *Drei Mann auf einem Pferd*, jede Vorstellung ausverkauft. Damals, kurz nach dem Krieg, zahlte man dort besser mit Nägeln oder Dachpappe als mit Reichsmark.

Friedrich Luft gehört zu Schöneberg, Berlins geliebte *Stimme der Kritik*, für den man jeden Sonntag um elf Uhr fünfundvierzig den Rundfunk im amerikanischen Sektor in der Kufsteiner Straße eingeschaltet hat. Wir kannten uns und hielten Distanz, weil er keine Kumpanei mit den Kritisierten wünschte. Er hat meine Stücke gelobt und nur bei einem gesagt: »Mein Ding war das nicht, aber die Leute haben sich amüsiert wie Bolle.« Wer könnte mehr Fairness von einem Kritiker verlangen? Friedrich Luft, sonntags vom Nollendorfplatz mit der U4 zur Livesendung im Funkhaus fahrend, hat atemlos und aufgeregt das Theater besprochen und damals noch die wichtigste Information über die letzten Premieren gebracht: nämlich die, was das Publikum zu Stück und Inszenierung gesagt hat.

Der berühmte Kritiker Alfred Kerr, auch hier zugehörig, hat meist unerbittlich geurteilt. Von einem anderen Kritikerstar der Zwanziger, Herbert Ihering, bin ich noch in einem Ostberliner Wochenblatt kritisiert worden. Mit allen U-Bahn-Berlinern habe ich auf irgendeine Weise zu tun gehabt! Ich habe sie gekannt, beschrieben, über sie geschrieben oder über sie gelesen.

Marlene Dietrich hat als Kind in der Potsdamer Straße 116 gewohnt, sozusagen nah bei Theodor Fontane. Wenn ich auf dem Weg zur U4 hinunter an ihnen vorbeigehe, bleibe ich oft stehen, weil sie fast alle mit meinem Leben verbunden waren. Heute, noch kein Teil meines U-Bahn-Museums, bedeuten mir weitere Namen viel, etwa Monika Maron, getreue Leserin des Buchladens, unser französisches Element Pascale Hugues – sie passt gut zu Schöneberg, denn im Stadtpark, rund um den Goldenen Hirschen, wird auch Boule gespielt – oder Adriana Altaras, die temperamentvolle Schauspielerin, Regisseurin und Autorin mit den Dauerbuchtiteln *Titos Brille* oder *Doitscha*. Adriana hat in meinem Hamburger Stück *Auf der anderen Seite* eine Stewardess der israelischen Fluggesellschaft Arkia gespielt: unvergesslich für mich. Und an der Beschneidung eines ihrer Söhne oder seiner Bar Mitzwah oder anderen, ja, fröhlichen Festen nehmen wir gern teil.

Schöneberg ist groß, es reicht unter anderem vom KaDeWe bis zum Gasometer und noch viel weiter. Im alten Dorfzentrum an der Potsdamer Straße ist mein jüngerer Bruder in der kleinen Dorfkirche getauft worden. Den Berg von Schöneberg sucht man vergeblich. Er mag wohl in der zarten Erhebung um die beiden Kirchen an der Potsdamer Straße erkannt werden oder am gleichnamigen Mühlenberge, aber bei beiden handelt es sich keineswegs um eine Art Voralpenland. Das gibt die Gegend nicht her. Die Glauer Berge, nahe unserem Zweitwohnsitz im Landkreis Teltow-Fläming, sind um die hundert Meter hoch und in unserem Dorf steigt die Alte Bergstraße so sanft an, dass man die Steigung nur mit der Wasserwaage zu erkennen vermag. Wenn wir Berge hätten, sagen die Berliner, wären sie höher als die in Bayern, aber bitte, dafür verfügen wir über unzählige Seen, Flüsse, Vließe, Bäche, seenartige Feuchtwiesen und andere Gewässer. Das ist doch auch was.

Scharf abgegrenzt in Schöneberg sind gutbürgerliche und weniger bürgerliche Straßenzüge, zu denen man aber oft einen Ausflug macht. Das Bayerische Viertel umfasst auch die Salzburger Straße, die Innsbrucker und die Meraner Straße. Die drei Straßen sind, ohne Besitzansprüche der beiden Länder Österreich und Italien, bei uns eingemeindet, ihre Zuordnung zu Bayern hängt mit früheren, historischen Herrschaftsbereichen zusammen.

Das Rathaus Schöneberg gehört zum Kiez. Die große Fläche des John-F.-Kennedy-Platzes wird am Wochenende zum Bazar, da erhält man wunderbare Sachen, die man gar nicht braucht, aber unbedingt haben muss, Bilder, Elektro-Artikel Nippes, Teppiche, Radios, Lampen, Werkzeug, Spielzeug und Geschirr sowie alles, alles, was es noch so gibt. Man versetzt sich dort schmerzlich erinnernd nach Homs, Hama, Aleppo, Palmyra, Damaskus oder Bagdad, dort war man 1954 mit dem VW-Käfer von Berlin aus, ohne einen einzigen Schuss zu hören: vorbei, vorbei.

Über diesen Platz hin wurde vom bald danach ermordeten amerikanischen Präsidenten das viel bejubelte: »Ich bin ein Berliner«, gerufen. Mittags schlägt die Freiheitsglocke vom Turm bis zu uns herüber, wird von manchen überhört und von anderen als überholt empfunden. Und auf der anderen Seite des Stadtparks, im RIAS, habe ich, meist mit Hans Rosenthal zusammen, unzählige Chansons, Gedichte und Glossen gebracht, die auf Wilhelm Pieck, Otto Grotewohl und Erich Honecker, Walter Ulbricht – »Niemand denkt daran, eine Mauer zu bauen« – oder den versteinerten Leonid Ilja Breschnew und Nikita Ssergejewitsch Chruschtschow gezielt haben: Da hat sich der kleine Berliner Bär gegen die Übernahmeversuche des großen östlichen Bären gewehrt, manchmal zu einseitig und erbittert, aber wenn das

Bayerischer Platz, von der Salzburger Straße aus gesehen, 1964

denn Hetze war, so haben wir die Wahrheit gehetzt und die anderen die Lüge.

Der Kiez ist musikalisch. Aus einem Fenster dringt oft Querflötenmusik, live, über den Maikäferplatz – kein amtlicher Name – und die Wartburgstraße. Sonntags bespielen zuverlässig zwei baltische Musikanten die Straßen um den Bayerischen Platz mit ihrer optimistischen Musik, da hält man für sie schon Euros bereit. Und erst eine Fahrt mit der U4 kommt Gutwillige teuer zu stehen. Dann werden schon die Münzen fällig. Im Zugang zur U-Bahn der russische Akkordeonspieler, außer sonn- und feiertags. In der U-Bahn junge Bands von zwei bis drei Sängern und beim Aussteigen am Kleistpark ein weiteres Einmannorchester im Tiefgeschoss. Das kostet.

Der Stadtpark gehört zum Kiez und ist die berühmte Lunge des Viertels. Manchmal gleitet auch ein Reiher von der Spree besuchsweise im Endanflug über die Köpfe hinweg und macht Rast am kleinen, aber verschmutzten Teich neben unserer U-

Bahn U4. Die so wichtigen Bänke für müde alte Leute und sanfte Penner im Mittelteil der Innsbrucker Straße zwischen Park und Bayerischem Platz sind beschädigt und hätten ein neues Make-up dringend nötig, aber dafür fehlt wohl das öffentliche Geld. Wie der Bayerische Platz vor dem Krieg, zwischen den Kriegen und nach dem zweiten Weltkrieg aussah, sieht man auf großen Fotos von den Bahnsteigen unserer U-Bahn-Station aus, jenseits der Gleise: was für eine verdienstvolle Rückschau.

Die Straßenbahn in der Grunewaldstraße – wirklich, es gab sie – habe ich als Kind noch erlebt. Bei vielem, wovon ich erzähle, sagen die jungen Leute und die von den mittleren Jahrgängen erstaunt: Da hab' ick noch jarnich jelebt! Manchmal bin ich damals, mit einem Klassenkameraden, bis zur Endstation am Roseneck gefahren und wir haben, am Ufer des Grunewaldsees, gelassen die in der Sonne silbern glänzenden riesigen Schwärme der alliierten Bomber vor einem Tagesangriff betrachtet. Uns hier unten im Wald würden sie schon nicht finden und bombardieren!

Im Zweiten Weltkrieg, also zwischen 1939 und 1945, gab es noch kein Fernsehen, die Leute gingen also ins Kino. Sie sahen nach der Wochenschau, in der immer gesiegt oder versenkt wurde, meist heitere Filme mit Heinz Rühmann, Grethe Weiser und anderen, die von der Realität des Krieges ablenkten, *Quax der Bruchpilot* oder *Sieben Ohrfeigen*, erst zum Schluss den Durchhaltefilm *Kolberg* und anderes. Im Stockwerk unter uns wohnte, als Tochter eines alten Majors, die junge Schauspielerin Elfi Angele, sie hat wohl sogar in dem Film *Gabriele Dambrone* mitgewirkt, ein künftiger UFA-Filmstar in unserem Haus! Und das Uraltgedächtnis funktioniert. *Gabriele Dambrone* findet sich im Internet bestätigt: Deutscher Spielfilm von 1943, mit Gusti Huber, Siegfried Breuer, Ewald Balser, Eugen Klöpfer und anderen …

Es gab in Berlin sicherlich hunderte von Kinos, meist kleine Lichtspieltheater an der Ecke. Befreit aus dem Versteck in einer wackligen Laube in Lichtenberg während der Nazizeit, sagte der junge Hans Rosenthal, später Deutschlands belieb-

Bayerischer Platz: U-Bahnhof Vorderseite, 2001

tester Quizmaster, zu mir: Wenn er mal zu Geld komme, werde er sich ein Kino an der Ecke kaufen, dann habe er für sein Leben ausgesorgt. – Aber nun sind die meisten Kinos zu Supermärkten geworden, und das kleine Kino am nahen Südwestkorso ist ein Theater. Ein Kino, das Arkadia, befand sich in der Berliner Straße, vom Bayerischen Platz aus ganz nahe, auf der linken Seite, in Richtung der heutigen Bundesallee, im Haus der jetzigen Bio-Company. Dort durfte ich sogar manchmal allein hin. Beginn meist um fünfzehn Uhr dreißig, denn abends, zwischen acht und zehn, hätten die Besucher, ob nun schon bei Voralarm in drei Signalen oder dann Vollalarm bei einem langen Heulen der Sirene, das Kino meist kurz nach Beginn der Vorstellung ohnehin wieder verlassen müssen. Ich weiß noch, ich habe dort einmal aufgeregt den Film *Die Geierwally* von 1940 mit Heidemarie Hatheyer in der Hauptrolle gesehen, denn ich hatte große Angst, die Wally würde, beim

Bayerischer Platz: U-Bahnhof Rückseite, 2001

Hangeln an einen vorspringenden Felsen im Hochgebirge, entkräftet loslassen müssen und in die Tiefe stürzen. Dass sie vermutlich höchstens aus einem Meter Höhe auf ein Luftkissen oder in ein Sprungtuch fiel, davon hatte ich als Kind keine Ahnung. Zehn Jahre älter geworden, saß ich neben einem hübschen Mädchen im Kino am Rüdesheimer Platz und fragte sie, unglaublich kühn, ob ich sie nach Hause begleiten dürfe. Und sie antwortete: Ich wohne hier im Haus.

Mein Vater hat, etwa in seinem Notizkalender 1944, in eckigen Klammern minutiös die Luftangriffe notiert: 22.22 bis 22.57, Störflieger in der Nähe. 12.42 bis 13.45, Großangriff im Norden, Wedding bis Weißensee. Oder: 13.37 bis 14.07, starke Kräfte im Anflug, Angriff, aber im Braunschweiger Gebiet. Seine Tagesmerkbücher oder Teile davon hat er über mehrere unserer Fluchten oder Umzüge 1945 nachts auf der Ladefläche eines unbeleuchteten Lastkraftwagens mit Handgepäck hinweg gerettet. In die letzte Sparte mit der Überschrift »Notizen« aber hat er seine jeweilige Lektüre eingetragen: Goethe, Jean Paul oder aber: »Zu lesen begonnen: Spengler, *Untergang des Abendlandes*.«

Er hat auch vermerkt: *11.3.38*, kommentarlos: *Einmarsch der Truppen in Österreich. 21.4.38 Erster Schulgang Horst.* Oder: *28.7.38: Schildkröte für Horst.*

Meine Eltern waren vorsichtig, sie haben ihre Meinung über Hitler und Gefolgschaft nie vor mir geäußert. Ein offenes Wort, das ich in der Schule wiedergegeben hätte und die Gestapo hätte sie abgeholt. Erst gegen Ende des Krieges habe ich in unserem Volksempfänger ungewohnte Töne gehört: einen Nachrichtensprecher, dessen Sätze von einem Zwischenrufer ergänzt wurden, der vielleicht in Frankreich oder England saß, mithörte und seine Kommentare dazu gab: über die Konzentrationslager, die Kriegslage und dass die Russen schon an der Oder stünden. Da hatte ich den Mut, meinen Vater zu fragen, ob das alles stimme und er antwortete nur knapp: Zum Teil.

Wann der Krieg zu Ende sein würde, wusste mein Vater frühzeitig, schon lange vor den Nazis, die sich noch an die Hoffnung auf den Endsieg klammerten: Wenn er, Angestellter im Wirtschaftsministerium, heimlich die sinkende Kurve der Gesamtproduktion verlängerte, endete sie genau am neunten Mai 1945 bei Null, dem Tag, an dem der Krieg zu Ende war. Er hat auch vorbauend Russisch gelernt, im Lehrbuch *Maja perwaja russkaja knjiga*, aber es hat ihm nichts geholfen. Er hat den Krieg nur kurz überlebt. Mein Vater ist in Ost-Berlin verschwunden, von den Sowjets zum Tode verurteilt und im März 1946 erschossen worden. Vierzig Jahre später haben mein Bruder und ich die Mitteilung der nunmehr russischen Militärstaatsanwaltschaft erhalten, es habe sich um einen Irrtum gehandelt, unser Vater sei rehabilitiert; kein Bedauern etwa, aber immerhin die Nachricht. Meine Mutter ist schon 1963 gestorben, sie hat nie von seinem Tod erfahren. Ich aber war, schon mit siebzehn, sozusagen Familienoberhaupt und Miternährer: durch Schwarzhandel, Hamsterfahrten und als

Rundfunkautor von Sketchen und Kinderhörspielen, eines mit dem jungen Horst Buchholz in der Hauptrolle. Das erste Theaterstück, *Das Fenster zum Flur*, mit Curth Flatow zusammen geschrieben, hat sie 1960 im Hebbeltheater noch erlebt.

Zurück zum Bombenkrieg: Bei Luftalarm wurden wir Kinder, oft gerade erst eingeschlafen, hastig geweckt und mussten in den Keller, der keiner Luftmine standgehalten hätte. Immer näher kamen die Explosionen, die Wände zitterten, wir auch, aber alle schwiegen, um sich dem Feind über uns nicht zu verraten – und aus Angst.

Am Morgen nach den nächtlichen Angriffen ging ich zur längst verschwundenen Volksschule am Wartburgplatz oder zur Oberschule in der Belziger Straße – damals: Hohenzollernschule – den Blick auf das Straßenpflaster gerichtet. Da sammelte ich die Granatsplitter der Flak ein, die in der Nacht herunter geregnet waren und auf dem Boden lagen, bizarre scharfkantige Gebilde, die ich auf die Straßenbahngleise legte und plattfahren ließ, so dass sie zu makabren Schmuckstücken wurden.

Autos, übrigens, gab es kaum am Bayerischen Platz – keiner der wenigen noch zugelassenen Wagen mußte damals dreimal den Bayerischen Platz umkreisen, um eine Parklücke zu finden.

Zwischen neun und zehn Uhr abends kam der Alarm. Kleine Kinder sagten Larm statt Alarm oder Irene statt Sirene. Unser Wohnhaus in der Münchener Straße 32, Ecke Grunewaldstraße, nach dem Krieg stand dort eine Tankstelle, später durch ein Bürohaus ersetzt, es wurde schon am 23. November 1943, dem vorübergehenden Todestag Schönebergs, durch Brandbomben zerstört. Alle überlebten, aber meine Mutter lief noch einmal die Treppe bis zum zweiten Stock hinauf, bei ihrer Rückkehr mit versengten Haaren von Polizisten, Blockwart und Feuerwehrleuten beschimpft, die den Schuhkarton von Leiser in ihrer Hand sahen. Sie solle ihres Schmucks wegen nicht ihr Leben riskieren! Aber sie öffnete stumm den Karton und alle sahen fassungslos meine Schildkröte Karoline, die hatte sie mir zu retten versprochen.

Mein fünf Jahre jüngerer Bruder und ich waren zeitweise bei Verwandten in Wien untergebracht, bis dort ebenfalls gebombt wurde. Nach den Luftangriffen gab es keine Möglichkeit, miteinander zu telefonieren. So erhielten wir nach jedem schweren Angriff ein Telegramm aus Berlin: »Alles in Ordnung, Cia und Curt«. Nach der Bombennacht, in der wir unsere Wohnung verloren, lautete das Telegramm: »Leben und sind gesund, Cia und Curt«. Da wussten wir, dass wir kein Zuhause mehr hatten. Und ich saß in der Dorfkirche von Hardegg an der Thaya und weinte um Karoline.

Auf der anderen Seite der Grunewaldstraße hatte ich zwei Bezugspunkte: Einmal den Geschenkeladen von Herrn Barduscheck, denn er und seine Frau waren mit meinen Eltern befreundet und sie nahmen uns 1938 oder 39, noch kurz vor dem Krieg, in ihrem Opel P4 auf Sonntagsfahrten in die Mark Brandenburg mit. Einmal, an einem Ostersonntag, wurde ich in den Wald geschickt und fand tatsächlich die in Aussicht gestellten und dort versteckten Ostereier und andere Süßigkeiten. Ich zweifelte schon erheblich am Osterhasen.

Herr Barduscheck hatte, hinter seinem Ladenraum, noch einen privaten Bereich und durch ein Guckloch konnte er von dort aus die Kunden beobachten – das fand ich aufregend. Es war für mich arglosen Jungen die erste Erkenntnis zum Thema Überwachung, Kontrolle und Spionage.

Der andere für mich wichtige Laden in der Grunewaldstraße, an den ich mich erinnere – heute vielleicht der italienische Delikatessenladen – war eine Leihbibliothek, fast ausschließlich bestückt mit zerlesenen Wildwestromanen, die immer nach demselben Schema verliefen: Der junge Held – das war in Gedanken ich –, der Schurke, die Farmerstochter und der liebenswerte alte Trapper, der zum Schluss immer sterben musste. Dreißig Reichspfennig betrug die Leihgebühr, viel Geld, aber ich las unermüdlich und begeistert, bis ich einmal, vor der Rückgabe, eines der drei ausgeliehenen Bücher nicht finden konnte. Ich suchte verzweifelt und hatte unbegründete Angst vor meinen Eltern und dem Ladenbesitzer, bis ich es am letzten Tag wieder entdeckte.

Unser Kiez hat sich seit dem Krieg sehr geändert. Hier tanzt nicht der Bär wie in angesagten Berliner Gegenden. Hier grüßen sich die Leute wie Dorfbewohner, auch wenn man sich nur vom Vorbeigehen kennt. Hier leben, wie im Nachbarbezirk Wilmersdorf – »Wir Wilmersdorfer Witwen« – gutbürgerliche Leute. Hier ist alles wieder aufgebaut – man vergleiche mit den alten Fotos beiderseits der U-Bahngleise –, der Bayerische Platz ist ein Paradies, aber auch schon mit Einschränkungen. Alle Menschen werden rüder, Unfreundlichkeit und Missmut, auch Armut, schwappen aus anderen Stadtvierteln herüber.

Junge Leute, die morgens scharenweise aus der U-Bahn strömen, um zu ihren Schulen oder Instituten zu gehen, passieren unseren Kiez, meist rauchend, Kopfhörer auf den Ohren oder mit dem Handy eine SMS tippend – sie müssen drei Hände haben. Sie schauen nicht auf und grüßen auch nicht. Sie blicken zum Handy hinunter und laufen Gefahr, gegen die nächste Straßenlaterne zu rennen, und dann warnt man sie doch. Wie schade, dieser Autismus. Würden sie öfter aufblicken und einen oder eine Entgegenkommende anschauen, so könnte das doch möglicherweise bestimmend für ihr Leben werden. Sie können auch nichts von der Vergangenheit wissen. Vor siebzig Jahren hätten sie vielleicht eine Station weit zu Fuß gehen müssen. Denn zwischen Spichernstraße und Nürnberger Straße hatten 1945 die Endsiegfanatiker die U-Bahn geflutet, um die vordringenden Bolschewisten aufzuhalten. Und es dauerte lange, bis die Strecke wieder befahrbar war.

Rund um den Bayerischen Platz begegnen wir einer vielfältigen Tierwelt. In unserer Straße sagen sich ungeniert die Füchse gute Nacht. Die Spatzen setzen sich kess vor den Cappucino im Café und zupfen manchmal sogar die Plastikhülle vom beigefügten Keks. Karnickel leben, immer fluchtbereit, in vielen Vorgärten. Frühe Singvögel veranstalten Morgenkonzerte. Aber manche Großstadttiere leben auch gefährdet. Im obersten Stockwerk der Nummer sieben, in der wir früher gewohnt haben, verfingen sich manchmal Vögel im Treppenhaus, die durch eine Dachluke hereingekommen waren. Unmöglich, sie dort oben zu erreichen und freizulassen. So öffneten wir weit die Wohnungstür, dunkelten die Wohnung ab und ließen die Balkontür weit offen. Dann fanden sie wieder hinaus. Unser Kiez ist, naturgemäß, auch ein Hundeviertel. Nur die unbekümmerten Wildschweine bevorzugen, bisher noch, die Außenbezirke.

Im Vorraum unserer Bank nächtigt manchmal schon ein Penner, einen aufgespannten Regenschirm als Paravent zwischen sich und den Bankkunden. Und zwei Läden – in unserem Kiez – sind schon überfallen und ausgeraubt worden. Das Postamt, für alte Leute wichtig, ist geschlossen, der Weg zu den nächsten beiden Ämtern ist weit und sehr beschwerlich, vor allem bei Glatteis, das nur den Chirurgen nützt: Hüfte, Becken, Oberschenkel. Unsere Bankfiliale ist einem Bettenhaus gewichen.

Mein geliebter Flughafen Tempelhof, »Mutter aller Flugplätze«, wie Sir Norman Foster gesagt hat, ist völlig sinnlos geschlossen worden, jahrelang wusste kein Verantwortlicher, was dort entstehen sollte: ein künstliches Gebirge, eine Seenlandschaft oder die Landesbibliothek. Nun macht er Millionenschulden. Dort war man vom Bayerischen Platz aus mit dem Taxi in zehn Minuten, und in weiterer fünfzehn Minuten saß man – ohne Vorfeldbus – im Flieger nach München, Hamburg oder, jawohl, halbstündlich nach Hannover. Ich bin dort etwa zweitausend Mal als Passagier und, nach der Wende, hundertmal glücklich als Privatpilot gestartet. Nun kann man auf den beiden Runways skaten und das Defizit ist nur etwas kleiner als beim künftigen Airport BER, von dem man nicht weiß, ob er je eröffnet werden wird.

Am Bayerischen Platz aber hat man erkannt, warum unter anderem das erste Volksbegehren für Tempelhof und gegen seine Bebauung mit anfangs tausendfünfhundert und dann bald fünftausend Wohnungen knapp gescheitert ist. Wir Kiezbewohner geben unsere Stimmzettel bei allen möglichen Wahlen stets schräg gegenüber in der Löcknitzschule oder im Rathaus Schöneberg ab. Beim Entscheid für oder gegen Tempelhof aber fand die Stimmabgabe im Seniorenclub am Mühlenberge statt, nah aber winzig und versteckt, den meisten

Jakob Beck liest am Welttag des Buches,
hier mit Horst Pillau, 2005

unbekannt und kaum zu finden. Es wäre kühn, da von Wahl-
betrug zu reden, aber Wahlschummelei war es allemal.

Viel hat sich geändert. Das Herz unseres Kiezes aber ist gesund und schlägt munter weiter. Denn Besitzerin des Buchladens, der bereits vor sechsundneunzig Jahren gegründet wurde, ist nun schon seit vierzig Jahren Christiane Fritsch-Weith.
Ihr Buchladen ist Anziehungspunkt, ja Magnet für alle, die
Bücher zur Hand nehmen und schreibt schwarze Zahlen im
Gegensatz zu manchen Buchkaufhäusern, die nach und nach
geschlossen werden. Denn dort wussten die Verkäuferinnen
nicht, worum es sich handelte, wenn man nach einer Ta-
schenbuchausgabe der *Wanderungen* fragte und antworteten,
wirklich: Was für Wanderungen? Und die Frage nach einem
Buch der berühmtesten deutschen Theologin Uta Ranke-Hei-
nemann konnten drei Buchverkäufer nicht beantworten, sie
hielten sie wohl für eine schnoddrige Schreiberin von Liebes-
romanen.

Lesen schult und bildet, es fordert und regt die Phantasie an:
da setzt man Sätze in Bilder um. Hier im Kiez ist die Buchhändlerin mit ihrer Ware vertraut, die für sie eben keine Ware

Buchladen Bayerischer Platz.
Im Einsteinjahr, 2005

ist. Sie bringt Menschen zusammen und regt bei ihren Autoren sogar Bücher an. Sie berät ratlose, unkundige Kunden bei
ihren Fragen nach Büchern, die zu ihnen passen, und nach der
geduldigen und persönlichen Beratung sind sie nicht mehr
so unkundig. Sie hat, trotz des begrenzten Raumes fast jedes
von mir gesuchte Buch verblüffend schon vorrätig oder man
kann es am folgenden Vormittag abholen. Notfalls beschafft
sie auch seltene und vergriffene Werke aus dem Schwarzwald
oder aus einem Antiquariat in Bayreuth. Sie gibt ihren wö-

chentlichen *Literaturkurier* per Email heraus, durch den man sich vorweg über Neuerscheinungen informieren kann oder Neues über den Chefkoch der Buchhändlerin erfährt. Und einmal im Jahr berichtet der *Literaturkurier* über die intensiven Lesewochen der Buchhändlerin zur Vorbereitung der neuen Saison in einem romantischen Winkel in Frankreich.

Fast an jedem Freitag sind prominente oder auch unbekannte Autoren zur Lesung eingeladen. In jeder sitzen die Kunden dicht gedrängt auf eng zusammengerückten Stühlen oder Bänken, der eigene Rücken ist an Buchrücken gelehnt. Man wird mit dem Autor und mit seinem Buch vertraut gemacht, manchmal steigt die Buchhändlerin dazu auf eine wacklige Klappleiter, um von allen gesehen zu werden. Danach sind Fragen der Zuhörer willkommen. Wenn irgendwo Atmosphäre entsteht, dann bei diesen Lesungen. Und bei absoluten Stars wie etwa Rolando Villazon würde der Laden nicht mehr ausreichen, dann zieht man in die nahe Kirche zum Heilsbronnen um.

Wie gut, dass auch viele junge Leute zuhören. Bin ich wieder einmal dran, dann lese ich vor, etwa vom Kriegsende, der Blockade oder dem Mauerbau.

Ja, einmal wollten wir ins Theater und haben ein Taxi bestellt: »Pillau, bitte zur Salzburger Straße!« Das Taxi kommt, wir steigen ein, der Fahrer dreht sich zu mir um, mustert mich lange und fragt dann: »Pillau, Pillau – sind Sie ein Nachfahre des Autors?« Und ein älterer Herr nach einer Lesung hat mich mal gefragt: »Haben Sie einen Beruf ausgeübt, bevor Sie Schriftsteller wurden?«

Das geht an die Substanz. Das letzte neue Stück hat bis zur Uraufführung sieben mühevolle Fassungen erlebt! Und James Thurber berichete: »Eine meiner Geschichten, *The Train on Track six*, ist volle fünfzehn Mal neu geschrieben worden.« Schreiben, sagt man dem alten Herrn dann vorsichtig, ist wunderbar und macht glücklich, aber es ist nicht besonders leicht.

Wir haben naturgemäß viele Bücher. Manchmal braucht man dringend ein bestimmtes davon und findet es nicht mehr am angestammten Platz. So kauft man ein weiteres Exemplar, um Tage später das gesuchte doch zu Hause zu finden. Dann hat man zwei Exemplare.

Gefährlich ist es auch, beim täglichen Spaziergang den Weg am Buchladen vorbei zu nehmen. Man sieht die Schaufenster mit den vielen neuen Büchern oder mit Neuausgaben. Man wird zwanghaft, magnetisch angezogen. Man betritt den Buchladen. Und man verlässt ihn nicht ohne ein weiteres Buch oder mehrere. Aber einen Umweg macht man nie.

DIE BUCHHÄNDLERIN

Christiane Fritsch-Weith
Ein neues Kapitel

»Ja!«, war das nächste Wort der Buchhändlerin zu diesem Thema. »Nur so!«, war die Bekräftigung.

Sie ist 25 Jahre alt und lernte seit 1964 ihren Beruf. Diesen Beruf kannte sie schon als Kind. Als Tochter eines Buchhändlerehepaares konnte sie früh Erfahrungen sammeln. Erste Titelkenntnisse erwarb sie auf der Toilette: Die seidenweichen Durchschläge der Buchhändlerbestellungen, die der Vater bei seinen Besuchen in den Buchhandlungen aufschrieb, waren unwichtig geworden, für die Kindertoilette bestimmt. In aller Ruhe las sie dort: Autoren … Titel … Preise … des großen S. Fischer Verlags.

Ilse Aichinger … *Die Größere Hoffnung*
Albrecht Goes … *Das Brandopfer*
Thomas Mann … *Die Bekenntnisse des Hochstaplers Felix Krull*
Boris Pasternak … *Doktor Schiwago*
Franz Kafka … *Das Schloss*
Welches Geheimnis steckte hinter der *größeren Hoffnung*?
Was konnte ein *Brandopfer* sein?
Sollte sie auch einen *Hochstapler* kennen?

Oder vielleicht doch besser *Doktor Schiwago*, den schließlich alle wollten?

Aber hinter dem *Schloss* musste sich ein großes Geheimnis verstecken!

Denn schon in diesen frühen Jahren war ihr klar, dass sich hinter jedem Buchtitel ein großes Versprechen verbirgt. Die Phantasie des Lesers muss geweckt werden. Unvergesslich und sprichwörtlich sollte der Titel sein, damit er auch Jahrzehnte später schwärmerisches Leseverlangen auslösen kann.

Wenn die kleine Buchhändlerin die Toilette verließ, trat sie ans Fenster im zweiten Stock der Inselstraße 40 in Darmstadt. Ihr Blick wandte sich zielsicher dem Erkerfenster im ersten Stock des Nebenhauses zu und fiel auf ihn: Mit dicker Brille und Ärmelschonern saß Arno Schmidt am Schreibtisch, den Blick immer wieder aus dem Fenster auf das »Inselplätzchen« richtend, wo seine Litfaßsäule steht. Er arbeitete an seiner Erzählung *Tina oder Über die Unsterblichkeit*. Die Litfaßsäule war sein Spielort.

Sie hat sich einen Dichter irgendwie anders vorgestellt. Also nickt sie, verlässt ihren Platz und schaut erst am nächsten Tag wieder aus dem Fenster auf den Schreibtisch des Dichters.

Als die Eltern fragen, welchen Beruf sie nach der Schulzeit erlernen möchte, antwortet sie: Buchhändlerin. Der Vater besucht die Gutenberg-Buchhandlung am Luisenplatz in Darmstadt und verabredet die Lehrstelle. Sie ist 14 Jahre alt und die Jüngste in der Buchhändlerklasse.

Kaum richtig angekommen, bestimmt Herr Sigmund, denn er ist Chef der Buchhandlung: »Da gehst du hin!«

Der Lehrling liest auf der Eintrittskarte: »Georg-Büchner-Preis-Verleihung an Ingeborg Bachmann … im Justus-Liebig-Haus …«.

Das Publikum ist zahlreich, die Autorin aufgeregt, die Buchhändlerin auch. Sie besetzt einen Platz am Rand. Mit unsicherer Stimme beginnt die Dichterin ihren Vortrag, den Blick fest auf den Text gerichtet. Die Buchhändlerin folgt der Stimme, den Worten, der Erscheinung der Geehrten.

Die Wahrheit ist dem Menschen zumutbar ... was bedeutet das?

Und wenn Herr Sigmund sie morgen danach fragt?

Und warum ist Ingeborg Bachmann so unsicher? Sie ist doch berühmt!

Der Lehrling nimmt eine große Erinnerung mit, verlässt als Buchhändlerin Darmstadt und wird erst Jahre später zu dem Text von Ingeborg Bachmann zurückkehren ... und ihn vielleicht verstehen.

Sie ist inzwischen, 1967, in Berlin angekommen. Während die Familie ihre Bücherkisten auspackt, demonstrieren Studenten vor dem West-Berliner Rathaus in Schöneberg gegen den Besuch des Schahs von Persien. Tumulte, Schlägereien, Verletzte und der Tod von Benno Ohnesorg sind der Beginn einer Periode, die jahrelang das Klima in Berlin bestimmen wird. Die Buchhändlerin nimmt ihre erste Stelle bei der Berliner Auslieferung des S. Fischer Verlags an und ist für die Auslieferung der Zeitschrift *Der Monat* zuständig.

Später wird sie für Rudolf Hartung, Herausgeber der *Neuen Rundschau*, die im S. Fischer Verlag erscheint, Briefe schreiben. Seine Sekretärin ist krank und braucht Vertretung.

»Lieber Elias«, schreibt Rudolf Hartung.

»Lieber Rudolf«, antwortet Elias Canetti.

Das Thema des Briefwechsels ist zu dieser Zeit Canettis Überzeugung, dass der Mensch unsterblich ist, wenn er in der Lage wäre, seinen Lebenswillen frisch zu erhalten.

»Lieber Elias ... aber die Überbevölkerung ...«

»Lieber Rudolf, darum geht es nicht...«

Eines Tages, die Buchhändlerin bringt die Briefe in die Berliner Finckensteinallee und wird die neuen Diktate abholen: »Elias, Elias ... ich muss Dir unbedingt Frau Fritsch zeigen ...«, und da steht der Dichter in Rudolf Hartungs Bücherhöhle, streckt der Buchhändlerin freundlich die Hand entgegen. »Sie sind das also ...«, sagt er. »Ja ... ja ...«, sagt die Buchhändlerin und lächelt schüchtern, während sie *Das wird mir niemand glauben* denkt.

Anfang ... 1. April 1975

»Ich mache es«, erklärte die Buchhändlerin, »allein!«, war ihre Bedingung.

Schöneberg gehört erst seit 55 Jahren zur Stadt Berlin und der U7-Bahnhof am Bayerischen Platz ist gerade vier Jahre alt. Dass erst 1962 die Ruine in der Grunewaldstraße gesprengt wurde, direkt neben dem heutigen Buchladen, kann sich die Buchhändlerin nicht vorstellen. Wenige Jahre vorher fuhr hier noch die Straßenbahn R3 und der Platz mit dem vom Krieg verschonten Brunnen und den beiden Kiosken, war noch nicht abgerissen. Erst 1971 sind sie endgültig der Begradigung der Grunewaldstraße zum Opfer gefallen. Wenn man auf alten Fotografien nachschaut, erkennt man den Sündenfall der damaligen Stadtplaner mühelos.

Er, Gerald Fritsch hat lange vom Buchhandel geträumt, versuchte mit einer Lehre als Schriftsetzer dem Traum näher zu kommen. Er gründete den Verlag *edition der 2*, gab Übersetzungen von Nazim Hikmet und Azis Nessin in Auftrag und nahm Kontakt zu verfolgten Autoren im Iran auf, die im Exil in Berlin lebten. Bahman Nirumand erwartete den Sturz des Schahs, die Griechen trafen sich im Terzo Mondo, Grolmanstraße, die türkischen Intellektuellen warnten vor den konservativ-religiösen »Grauen Wölfen«.

Er, Gerald Fritsch, träumt immer noch vom Buchhandel, findet eines Tages die Anzeige »Buchladen Bayerischer Platz sucht einen Nachfolger« ... und will kaufen. Er ist aber weder Buchhändler noch Kaufmann.

»Ich mache es!«, bekräftigt die Buchhändlerin. »Allein!«

Wie sah der Buchladen aus, als sie ihn das erste Mal sah? Die Erinnerung ist spärlich und eigentlich sieht sie nur die große Reihe der Karl-May-Bände vollzählig im vorderen Raum stehen. Über dem charmanten Bogendurchgang, der in den hinteren Raum führte, standen sie dekorativ in einer langen Reihe. Im vorderen Verkaufsraum war der Ladentisch, hinter dem Paul Behr seine Kunden bediente. Seine Ladenkasse war eine Zigarrenschachtel. Daneben lag ein Zettel, auf dem er seine Einnahmen täglich notierte.

Wenn man durch den Bogendurchgang in den Raum mit den Butzenscheiben trat, waren gleich links im Regal die Reiseführer zu finden, und ein großes Regal teilte den Raum nach rechts ab. Hinter diesem Regal stand eine Bank, die bis heute bei jeder Lesung aus dem Keller geholt wird. Auf der hat Paul Behr sein Mittagsschläfchen gehalten, nachdem er in der Kantine des Senators für Justiz, gleich um die Ecke neben dem Schöneberger Rathaus, Mittag gegessen hatte.

Bestseller und Neuerscheinungen waren damals Walter Kempowski, *Ein Kapitel für sich,* Peter Handke, *Die Stunde der wahren Empfindung,* Hildegard Knef, *Das Urteil,* Siegfried Lenz, *Der Geist der Mirabelle.*

»Am besten kommen Sie zu uns in die Württembergische Straße«, sagte Martha Behr und blickte dabei zu Paul hinüber. »Am besten am Abend, wenn der Buchladen geschlossen ist«, sagte Paul Behr und blickte dabei zu Martha hinüber.

Die Buchhändlerin, 25 Jahre alt, erscheint pünktlich, nimmt auf der Couch Platz. Begleitet wird sie von Gerald Fritsch. Auf dem Tisch liegen handgeschriebene Zettel bereit, die mit 1970 – 1971 – 1972 – 1973 überschrieben sind.

Januar 1973:
Ladenkasse	*14.144,78 DM*
Postscheck und Bank	*2.206,60 DM*
11%	*240,80 DM*
Unkosten	*4.623.29 DM*

liest die Buchhändlerin
und versucht es mit dem

Dezember 1973:
Ladenkasse	*38.442,45 DM*
Postscheck und Bank	*12.115,48 DM*
11%	*1.625,70 DM*
Unkosten	*6.978,13 DM*

Das Geschäft mit Soll und Haben ist der Buchhändlerin zu dieser Zeit noch ein Geheimnis, aber soviel versteht sie, dass der Vertrag gemacht werden kann.

Der Kaufpreis wird zum Teil sofort und zu einem kleinen Teil monatlich beglichen, solange bis alles bezahlt ist. Die Kaufverhandlungen verliefen denkbar einfach und schnell. Paul Behr nannte seinen Preis, und die Buchhändlerin akzeptierte ihn.

Das wird lebenslang der größte Einkauf sein, den die Buchhändlerin tätigt. Danach kauft sie nur noch Schuhe, Hosen und kleine Halstücher.

Es ist März 1975. Die Buchhändlerin hat sich, nach dem Vertragsabschluss, als Inhaberin in das Handelsregister beim Amtsgericht Charlottenburg eintragen lassen: »Buchladen Bayerischer Platz Paul Behr, Inhaber Christiane Fritsch, Grunewaldstraße 59, 1 Berlin 62«.

Am 1. April 1975 schließt die Buchhändlerin den Buchladen das erste Mal auf. Etwas stolz ... etwas beklommen. Was wird auf sie zukommen? Wird sie können, was man von ihr erwartet und verlangt?

Paul Behr wird noch wenige Tage die Buchhändlerin seinen Kunden vorstellen, sie loben und empfehlen. Rechtsanwalt

Jürgen Stange gehört zu den ersten Lesern, die die Buchhändlerin kennenlernt. Er wird viel später eine wichtige Rolle für den Buchladen spielen. Aber heute ist davon noch keine Rede. Heute heißt er die Buchhändlerin willkommen, lächelt und kauft gleich drei Bücher. Die Buchhändlerin kann die neue Kasse, die schon fast hundert Jahre alt ist, klingeln lassen.

Der Börsenverein des Deutschen Buchhandels verleiht Alfred Grosser seinen Friedenspreis, der Nobelpreis für Literatur geht an den italienischen Lyriker Eugenio Montale und den Friedensnobelpreis erhält Andrej D. Sacharow. Hannah Arendt stirbt in den USA, die UN erklärt das »Jahr der Frau«. Peter Lorenz wird von der Bewegung 2. Juni entführt und freigekauft. In Stuttgart beginnt der Prozess gegen die Baader-Meinhof-Gruppe. Der Kalte Krieg ist in vollem Gange. Jürgen Stange verhandelt im Auftrag der Bundesregierung die Ausreise von Dissidenten aus der DDR. Wolf Biermann wird 1976, Jürgen Fuchs und Sarah Kirsch 1977 aus der DDR ausgebürgert.

Die Buchhändlerin packt aus, 1976

DIE SIEBZIGER JAHRE WAREN, nicht nur in West-Berlin, in sozialer, kultureller und politischer Hinsicht eine unruhige, polarisierende und kreative Zeit. Die Ostpolitik setzte (gegen viele Widerstände) nach eis-kaltem Krieg auf Tauwetter; das Transit-Abkommen erleichterte das Leben für West-Berliner und Berlin-Besucher. Und die Stadt füllte sich mit jungen Leuten, die der »langweiligen« westdeutschen Provinz entflohen, hier studierten oder in einer relativ toleranten Atmosphäre etwas Neues suchten. Man war neugierig nicht nur auf politische oder historische Themen. Psychologie, Psychoanalyse, Soziologie, Dritte Welt, unterdrückte Literatur, Kolonialismus, Städtebau, andere Lebens- und Wohnformen, Pädagogik, das Verhältnis zu Kindern standen im Zentrum von Debatten und Aktionen. Und es blieb nicht bei Debatten, es wurde auch im Alltag sichtbar: Kinderläden entstanden, Wohngemeinschaften, Schüler- und Lehrlingstreffpunkte, neue internationale »solidarische« Lokale, der Jung-Buchhändlerkeller – und eben auch neue Buchhandlungen oder Buchläden, in denen sich die Interessenvielfalt widerspiegelte: Kinderbuchläden, Frauenbuchläden, politische Buchläden (oft kollektiv betrieben), Buchläden mit ausländischer Literatur in Originalsprache, Autorenbuchhandlungen, anarchistische Buchvertriebe (Benedict Lachmann hätte seine Freude daran gehabt, denn seine Vorbilder Max Stirner oder Kropotkin wurden wiederentdeckt) – und das alles neben den schon länger existierenden Buchhandlungen, die ihrerseits sich oft auch neuen Themen öffneten und so »verjüngten«.

Im Nachhinein kann man sagen: Es hat wohl noch nie eine Zeit gegeben, in der Bücher und das Lesen eine so große Rolle spielten, und in der deswegen die Buchhandlungen auch einen so großen Zulauf und Buchhändlerinnen und Buchhändler eine solche Bedeutung hatten.

In den Kneipen West-Berlins werden Nacht für Nacht Raubdrucke verkauft. Vergriffene Bücher sind ebenso dabei wie politische Untergrundliteratur. Man lässt sich das Programm zwischen Bierdeckeln auftürmen, wählt und schlägt vermeintlich dem Kommerz ein Schnippchen.

Der Buchhändlerinnenalltag beginnt

Sie bietet den Verlagsvertretern beim Besuch einen Sitzplatz an. Ausführlich hört sie sich an, was über Autoren und die Inhalte der Neuerscheinungen zu sagen ist, fällt Kaufentscheidungen und sieht, dass die Verlagsvertreter sehr zufrieden sind.

Unterdessen ist der Laden mit seinen schmucken Butzenscheiben im Hintergrund renoviert und hat sich eine neue Ladentheke gebaut. Eng und gemütlich ist es. Die Buchhändlerin lädt den ersten Autor zur Lesung ein. Max von der Grün, Mitbegründer der Gruppe 61, war zunächst kaufmännischer Angestellter, dann Bergmann und ist nun Arbeiter-Schriftsteller.

»Bitte Platz zu nehmen!«

Das Publikum fand auf Leitern, Tischen und dem Fußboden Platz. Der Autor las am 1. Dezember 1975 aus seinem Roman *Wenn der tote Rabe vom Baum fällt*. Am Ende wurden Wein und Pizza gereicht. An diesem Abend kann man den Beginn einer Tradition feststellen, nur die Buchhändlerin ahnt davon noch nichts.

Lesungen

Am 1. Dezember 1975 steckt die Buchhändlerin die Nase zum ersten Mal in den Lesungswind, aber bis es richtig losgeht, werden noch Jahre vergehen. Bis Platz für Lesungen geschaffen ist und Stühle angeschafft werden, die immer wieder in einem großen Keller verschwinden können, ist der Buchladen umgezogen.

Die Schauspieler Christine Prober und Günther Tabor beginnen 1990 mit ihren Literatur-Lesungen der Extra-Klasse. Sie legen endgültig den Grundstein für das, was die Tradition der Lesungen im Buchladen sein wird.

Der Kalender trägt das Jahr 1999, als am 29. Oktober Manfred Flügge aus seinem Buch *Der Engel bin ich* liest, gefolgt von Rafael Seligmann am 12. November 1999. Im Jahr 2000 lesen Zoran Drvenkar, Horst Pillau und Christine Prober. Die erste Harry-Potter-Nacht fällt auch in dieses Jahr. Im Jahr 2001 finden bereits 13 Lesungen statt, und die Programme wachsen. Dass neue Literatur neben dem politischen Sachbuch stehen, dass große Autoren neben Newcomern stehen, ist Absicht.

Georg Klein zeigt mit *Libidissi* den modernen Roman, und Karl Schlögel ist in seinen Büchern dabei, den unbekannten Osten Europas zu erkunden. Monika Maron blickt 2001 in die DDR zurück, Thomas Kramer erinnert an Karl May und den Sächsischen Orient. Klaus Eschen zeigt Fotos von seinem Vater Fritz und Jörg Magenau liest über Christa Wolf.

Themen ... Themen ... beschäftigen die Buchwelt und werden im Buchladen den Lesern präsentiert und von ihnen diskutiert.

Georg Klein im Gespräch mit der Buchhändlerin, 1998

Libidissi war ein Erfolg, der den Autor, den Verleger und den Verlag überraschen konnte. Eine hymnische Besprechung in der FAZ lies die Wellen hochschlagen. Eine Lesung mit dem Autor im Buchladen wurde zum Erfolg. Warum den Erfolg mit *Barbar Rosa* nicht wiederholen, fragt sich die Buchhändlerin. »Aber diesmal möchte ich gerne selbst das Gespräch mit den Zuhörern …«, sagt Georg Klein.

Später …

Die Lesung ist beendet. Die Buchhändlerin bleibt diesmal still auf ihrem Platz. Der Autor blickt ins Publikum. Das Publikum blickt zur Buchhändlerin.

»Sie steht nicht auf«, flüstert Herr M. seiner Frau ins Ohr. »Es hat ihr nicht gefallen«, flüstert Frau M. zurück.

Der Erfolg bleibt diesmal weit hinter den Erwartungen zurück.

Er kommt nicht zum ersten Mal in den Buchladen, um sein neues Buch vorzustellen. Das Publikum ist erwartungsvoll … der Autor liest und die Zeit vergeht wie im Flug. Die letzten Fragen werden aufgerufen, die Zeit ist unterdessen weit vorangeschritten.

»Nein! Ich will noch mehr Fragen beantworten«, findet der Autor, Hartmut Lange.

»Nein! Jetzt kommen die Bücher dran«, erklärt die Buchhändlerin.

»… und ich muss eine Zigarette rauchen!«, sagt Monika Maron.

Der Abend wird ein großer Erfolg.

Oder Freitag, 6. Mai 2011. Zeit für den Buchladen, seinen berühmten Kunden Gottfried Benn zum 125. Geburtstag und 55. Todestag zu feiern.

Die Buchhändlerin hat um 19.30 Uhr in sein Schöneberger Wohnhaus, Bozener Straße 20, zu einer Treppenhaus-Lesung geladen, Jörg Magenau soll an diesem historischen Ort sein Buch über Gottfried Benn vorstellen. Im *Literaturkurier* hat sie die Veranstaltung angekündigt.

»Wenn der Besucher das Haus betritt, steht er zuerst vor dem steinernen Bänkchen, auf dem Gottfried Benn sich immer wieder mit Freundinnen traf und das er, ganz Dichter, »unser Wohnzimmer« nannte. Schmal ist die Sitzfläche und die Buchhändlerin versuch sich den Dichter in Begleitung auf der Bank vorzustellen. Mehr als zärtliche Worte ließen sich dort ganz sicher nicht austauschen, denn einerseits konnte jederzeit jemand das Haus betreten und andererseits ist unmittelbar daneben die Tür zur Portierswohnung, von der aus das Kommen und Gehen im Haus genau beobachtet wurde.

Genau dort, in dieser Wohnung, nimmt Jörg Magenau Platz. Im Treppenhaus, bis zum vierten Stockwerk, haben die Gäste Platz genommen und nach der kurzen Begrüßung der Buchhändlerin, lauschen wir gemeinsam der Lesung. Ihre Buchhändlerin denkt sich zurück in die Zeit, als Gottfried Benn hier seine dunklen Tage verbrachte, auf dem Bänkchen seine Verabredungen traf, an der Ecke seinen Durst mit Bier löschte und immer wieder im Buchladen Bayerischer Platz den Büchern dieser Zeit begegnete.«

Oder zum Beispiel der 14. November 2011, an dem Pascale Hugues ihr Buch *Marthe & Mathilde* im Buchladen vorstellt. Das Interesse an den Lebensgeschichten der elsässischen Großmütter ist stark, das ahnte die Buchhändlerin, aber so etwas erwartete niemand: Die Warteschlange reicht über 150 Meter bis zum U-Bahn-Eingang Bayerischer Platz. Der *Literaturkurier* berichtet davon: »Liebe Leserinnen und liebe Leser, Sturm auf den Buchladen! Am vergangenen Freitag konnte der Buchladen einen noch nie erlebten Besucher-Ansturm registrieren: Bereits vor 19 Uhr bildete sich die Warteschlange um schließlich bis zum Eingang des U- Bahnhofes zu reichen. Von den vielen lesebegeisterten Menschen konnten wir 125 Gäste im Buchladen platzieren, mussten einen Lautsprecher an der Ladentür aufhängen, eine Signierstunde ab 21.15 Uhr ankündigen und hinten das Klofenster weit öffnen, damit niemand in Ohnmacht fällt.«

Das Buch *Ruhige Straße in guter Wohnlage* der Autorin wird Jahre später vorsichtshalber in der Kirche zum Heilsbronnen im großen Raum vorgestellt, damit 350 Zuhörer Platz finden.

Am 20. Februar 2015 wird Rolando Villazon mit seinem ersten Roman *Kunststücke* zur Lesung eingeladen. Die Buchhändlerin bittet wieder um den großen Raum in der Kirche. Erwartungsvolle Gäste haben sich eingefunden. Der Büchertisch ist angerichtet, die letzten Verabredungen getroffen. Die Spannung steigt.

»Das Taxi ist vorgefahren! Er steigt aus!«, ruft der Chefkoch und die Buchhändlerin eilt zum Eingang, um Rolando Villazon zu begrüßen. Beifall brandet auf, der Abend kann beginnen. Er liest spanisch … die Buchhändlerin deutsch. Als die Buchhändlerin ihre Fragen stellt, zeigt sich der nachdenkliche, kluge und witzige Künstler. – Künstler sind, so findet die Buchhändlerin, Menschen, die die Welt betrachten, verändern und uns in ihrer Kunst zeigen. Rolando Villazon ist ein Künstler.

Der Autor kann sein Publikum begeistern, und als seine Fans an den Büchertisch treten und Sonderwünsche für ihre Signatur vorbringen, interveniert die Buchhändlerin – aber

Rolando Villazon beschwichtigt: »Das mache ich gerne, also: Zum achtzigsten für meine Freundin Ursula« …

Oder die Lesung mit Eva Menasse aus ihrem Buch *Wien*. Der Programmablauf wurde von der Autorin und Herausgeberin des großen Wien-Buches festgelegt:
Sie hat sich ihren Mitautor Thomas Kapielski zur Lesung eingeladen. Der hatte amüsant über seine Besuche in den Wiener Kaffeehäusern erzählt, gewürzt mit ebenso witzigen Fotos. Diesen Text sollte er vortragen und alle saßen gespannt lauschend, nur der extravagante Autor hatte sich entschlossen, aus einem Stapel unveröffentlichter Manuskripte zu lesen! Kein Wort von Wien und seinen Kaffeehäusern.
Am Ende teilte sich das Publikum in die, die enttäuscht und die, die begeistert waren. Eva Menasse traute ihren Ohren kaum.

Eva Menasse
Eine Glücksmaschine

Über Christiane Fritsch-Weith, die den Buchladen am Bayerischen Platz in Berlin-Schöneberg seit Jahrzehnten führt, ist schon viel Lobendes geschrieben worden. Ihr Laden ist so höhlenartig, wie eine gute Buchhandlung sein muss, von außen unauffällig, doch drinnen eine andere, wärmere Welt. Er ist die unmögliche Mischung aus Geheimklub für Liebhaber und verständnisvollem Willkommensort für verschämte, seltene Buchkäufer (»*Fifty Shades of Grey*? Das kann ich Ihnen gern zu morgen bestellen!«) und er ist klein und eng, sodass man immer gut auf Buchfühlung bleibt. Doch bei Bedarf, zum Beispiel für eine Autorenlesung, kann er sich so unwahrscheinlich ausdehnen wie der Bauch einer schwangeren Frau. In einer perfekten Buchhandlung wie der von Frau Fritsch gibt's kein Ranking, keine nach unten zeigenden Vernichtungsdaumen und keine Bestsellerregale, da gibt's einfach Bücher.

Oder besser gesagt, hier gibt es für jeden das richtige Buch – diametral anders als in den verketteten Rolltreppenkathedralen, die wenige Bücher in großen Mengen und dazu »Non-Books« (Kerzen, Vasen, Dekokram) vertreiben.

Frau Fritsch-Weith liebt nämlich nicht nur Bücher, sondern ebenso sehr ihre Kunden. Sie liest letztere genauso gern. Und dann ist es ihr Ehrgeiz und ihre Wonne, die perfekten Verbindungen zu schaffen. Sie rettet, so erzählt man sich, lesefaule Jugendliche vor ihren ambitionierten Vätern, indem sie den Vätern Salinger oder Joseph Conrad verweigert und sich stattdessen so lange mit den zukünftigen Lesern in ihrer Jugendbuchecke unterhält, bis sie einen Interesseblitz in deren Augen erzeugt hat, und sei es bloß für den nächsten Comic.

Jeder neuer Kunde muss erst einmal in Anamnese, also seine Lieblingsbücher aufzählen. Denn in einer Buchhandlung, das ist das Credo, soll man immer einen Schatz entdecken, und das ist naturgemäß für jeden ein anderer. Eine Buchhandlung ist eine Glücksmaschine, nur deshalb geht man immer wieder hin, ja, gelegentlich flüchtet man sich dorthin.

Unvergesslich ist für mich der Tag nach der Verleihung des Deutschen Buchpreises, vor einigen Jahren. Der Stapel des Gewinnerbuches, das ab nun, für die nächsten paar Wochen, das berühmteste Buch Deutschlands sein würde, lag da, natürlich. Doch Frau Fritsch verhielt sich sehr seltsam. Ihre Stammkundschaft, die für Bücher so brennt wie sie, war natürlich topaktuell informiert, gab sich schon morgens die Klinke in die Hand, und viele dieser Hände streckten sich sofort nach dem Stapel aus.

Doch die Buchhändlerin schüttelte den Kopf, manchmal stumm, manchmal mit einem leise-vertraulichen »nein, nein«. Einer kam, dem verkaufte sie es, anstandslos. »Dem schon«, flüsterte sie. Da war schon die nächste da und zeigt darauf. »Nein, lassen Sie das, das ist nicht … Sie werden es nicht zu Ende lesen. Nehmen Sie lieber das hier«. Das ist typisch Frau Fritsch. Sie hat nicht den schnellen Vorteil im Blick, sondern den Frust, den ein dickes, teures, ungelesenes Buch erzeugen kann. Und das den Kunden in Zukunft fernhalten könnte. So wie sich die Qualität von Kinderwunschkliniken besser an der sogenannten »Baby-take-home«-Rate als an der reinen Schwangerschaftsstatistik ablesen lässt, ist es beim guten Buchladen: Nicht die »book-take-home«-Rate zählt, sondern »gelesen-und-geliebt-bis-zur-letzten-Seite«.

Und diese Rate dürfte bei Frau Fritsch sehr, sehr hoch sein.

Lehrjahre ...
Erfahrungen sammeln und Fehler überstehen

»Wie mache ich das ...«, überlegt die Buchhändlerin, »richtig?«, ... ist die Frage.

Die Buchhändlerin muss unbedingt erwachsen werden. Bilanzen und Steuererklärungen sind die großen Rätsel, die gelöst werden müssen. Gefährlich ernst ist die Geschäftswelt. Dort versteht man keinen Spaß. Die Literatur, die Autoren und der Verkauf von Büchern ist schwierig genug, aber das Geschäft mit Soll und Haben ist noch schwieriger. Der Buchladen schaut ab und zu besorgt auf seine Chefin, findet sie oft zu sorglos und manchmal zu naiv. Lehrjahre mit Umsätzen, Rechnungen, und Buchführung beginnen. »Gewinn« ist ein Zauberwort am Horizont.

Was ist eine Buchhändlerin?, murmelt sie jahrelang vor dem Einschlafen. *Autoren? ... Verlage? ... Bücher? ... Leser? ... Oder Bilanzen?*

In der Welt draußen schließen sich Verlage zu Konzernen zusammen, Neuerscheinungen verlangen Eintritt in den Buchladen, Feuilletons setzen Prioritäten und die Berliner Verlagsvertreter sind mit dicken Taschen unterwegs. Backlist nennt man nun alles, was nicht in dieser Saison erscheint. Taschenbücher drängeln sich monatlich neu in engen Regalen. Kleine Verlage verlangen energisch Berücksichtigung im Buchladenprogramm.

Die Buchhändlerin sitzt den erfahrenen Verlagsvertretern gegenüber, kauft Bücher und versucht den Überblick zu behalten.

»Von diesem Roman nehme ich drei Exemplare ...«, sagt sie mit fester Stimme. »Drei? Sie sollten zehn Exemplare nehmen, denn immerhin wird die Presse viel...«, erklärt der Verlagsvertreter. »Von diesem Roman nehme ich drei Exemplare«, sagt sie mit fester Stimme.

Langsam wird die Buchhändlerin auch eine Kauffrau.

»Bis morgen«, sagt er. »Bis morgen«, antwortet die Buchhändlerin. Er besucht die Buchhändlerin täglich, nimmt auf dem Stuhl Platz und wendet dem Verkehr auf der Grunewaldstraße den Rücken zu. Den Spazierstock hat er vor sich aufgestellt und stützt sich mit gefalteten Händen darauf. Auf dem Kopf trägt er eine Baskenmütze, die er nun in den Schoß legt. Sein Lächeln ist gewinnend und etwas verschmitzt.

»P.A. Otte«, stellt er sich der Jungbuchhändlerin vor und reicht ihr die Hand. Dass er beim *Berliner Tageblatt*, der auflagenstärksten Berliner Tageszeitung vor dem Krieg, für das Feuilleton arbeitete, wo Theodor Wolff sein Chef, und Alfred Kerr zu Hause war, erzählt er ihr. Große Namen wurden in der täglichen Schulstunde genannt: Kurt Tucholsky, Oskar Maria Graf, Ernst Toller, Ödön von Horvath und Zarah Leander. Bei den dazu gehörigen Geschichten musste die Jungbuchhändlerin die Ohren spitzen:

Dass Ernst Toller Seidenschlafanzüge trug ... und
Zarah Leander nicht das war, was man glaubte ... und
Oskar Maria Graf mit Ödön von Horvath im Zug falsch herum Karten spielte, das Gegenüber das Blatt sah, der Spieler seine Karten aber nicht kannte ... und
dass Erich Mühsam sofort von den Nationalsozialisten gefoltert und ermordet wurde ...,

hörte die Jungbuchhändlerin von ihm. Dass unter »innerer Emigration« nicht Feigheit zu verstehen ist, auch. Im Krieg gemeinsam mit Schauspielern, Schriftstellern und Regisseuren in eine skurrile Kompanie gepfercht zu sein, ist Thema einer Extra-Schulstunde.

Gewürzgurken, Schmalzbrote, Zigaretten, Bier und Diskussionen sind die Zutaten zum 10. Jubiläum der Buchhändlerin. Die Zeit ist im Flug vergangen, der Buchladen ist nun 66 Jahre alt und blickt mal besorgt, mal belustigt auf das Trei-

Feier zum zehnjährigen Jubiläum in der Buchhandlung, 1985

ben. Die Festgesellschaft ist überzeugt, dass der Buchladen
unsterblich ist.

P.A.Otte gratuliert schriftlich:

Sonne über Steben am 17.4.85
Liebe Jungjubilarin Christiane Fritsch,

10

(in Buchstaben zehn) Jahre sollen vergangen sein über unseren
Zwiegesprächen, mal ernst, mal heiter, wie's zur Stunde passte.
Immer legten Sie Zeugnis ab von Ihrer Kunst des Zuhörens und
der nicht weniger wichtigen des Bewahrens von Gedanken und
Anekdoten. Ich staunte darüber mehr als einmal – und war
dankbar dafür. Auch wenn bei meinem Besuch Ihres »Ladens«
die Kasse immer seltener klingelte: das originelle Sesselchen in
wunderlichem Grün bot Raum genug für die Verschnaufpause
am Stock. Dafür meinen Fränkischen Spezialdank.
Respekt vor Ihrer Haltung in diesem Jahrzehnt: als Mutter, als
Jungbuchhändlerin, als politischer Kopf.

Ihre Jubiläums-Fete hat Fülle und Farbe, wie ich der schwung-
vollen Einladung mit Vergnügen entnehme. Na dann Prost!
Auch auf's neue Jahrzehnt.

»Was ist eine Buchhändlerin?«, murmelt sie beim Erwachen.
»Politik? ... Oder Literatur? ... Oder die Leser?«

Die Zeiten sind politisch und nervös. Die Hausbesetzungen
erreichen ihren Höhepunkt und der Buchladen liegt an der
Bannmeile des Schöneberger Rathauses.
    P.A. Otte kommentierte die Auseinandersetzungen so: »Das,
was Sie sehen gibt es nicht!«, und deutete dabei auf die vorbei-
fahrenden Limousinen. »Das ist Luft ... sind alles nur Kredite!«
    In der Literaturszene spiegeln sich die Kontroversen der
Zeit. Autoren bringen politische Themen zur Sprache und der
Buchhandel mag sich nicht auf die konservative Seite schlagen.
Die Buchauslagen im Schaufenster des Buchladens ergreifen
Partei: Gleichberechtigung für Frauen, Konsumverzicht, An-
ti-Atomkraft-Bewegung, gegen Berufsverbote, Nato-Doppel-
beschluss.

P.A. Otte schickt seine Aufträge in feiner Handschrift per Post:
11.4.78, morgens 6:45 ... ich wünsche sehr, meine Bitten aus
dem Bayerischen erreichen Sie in leidlicher Stimmung.
Und nun kommt, ich weiß, eine Zumutung ... Zumutung. In
einer Schreibmaschinen-Reparaturwerkstatt (zugleich Lotto-
annahme) in der Grunewaldstraße, auf Ihrer Seite, über den
Platz hinüber, noch vor »Büchereck«, lagert meine Reiseschreib-
maschine zur Durchsicht etc. auf meinen Otte-Namen. Kosten:
sagen wir bei 50,- DM. Könnten Sie diese Rechnung wohl beglei-
chen? Ich kenne weder den Namen der Firma genau ...
Ihnen Dank und Grüße allen, die meinen Namen kennen.
Lauter gute Wünsche!
Ihr P.A. Otte

Unterdessen arbeitet die Buchhändlerin nicht mehr ganz alleine. Eine Kollegin sorgt für Unterstützung.

1981 erscheint ein neuer Stern am Literaturhimmel: Monika Marons erstes Buch erscheint im S. Fischer Verlag: *Flugasche* lässt die Leser nach Osten blicken und zeigt Bitterfeld als Spielort. Eine unverkennbare Stimme ist hier erstmals zu vernehmen. Jahre später wird die Autorin den Buchladen betreten, und das Herz der Buchhändlerin wird etwas schneller schlagen.

Monika Maron
Na, Bruno

Das Viertel in dem ich wohne, gilt als gute Adresse, dabei ist es eigentlich ziemlich piefig; so sage ich das jedenfalls immer, wenn Leute aus Mitte oder Prenzlauer Berg mich besuchen. Bei mir hier ist es ziemlich piefig, sage ich dann, aber dafür findet man immer einen Parkplatz.

Dass man immer einen Parkplatz findet, liegt an den vielen Neubauten, die, eingerahmt von den überlebenden Altbauten, aufgereiht stehen wie ein ebenmäßiger Zahnersatz zwischen den letzten eigenen Zähnen, und zu denen die Tiefgaragen und Autostellplätze gehören, die den Altbaubewohnern die Parkplätze an den Straßenrändern freihalten, was schon deshalb von Vorteil ist, weil die Bewohner der kleinen Neubauwohnungen meistens große Autos haben, die Bewohner der großen Altbauwohnungen hingegen meistens kleine.

Ob die Neubaubewohner auch für das Piefige verantwortlich sind, weiß ich nicht genau. Jedenfalls muss jedes Geschäft, das hier eröffnet, bald wieder schließen. Stattdessen ziehen Ingenieurbüros und ambulante Altenpflegestellen ein. Auch im Knipperle, das viele meiner Freunde aus ihrer Jugendzeit kennen, residiert jetzt ein Büro. Um das Knipperle tut es mir allerdings nicht leid, weil es (außer einigen asiatischen) das einzige mir bekannte Berliner Restaurant war, das Hunden den Zutritt verwehrte.

Als es das Barbarossa-Eck noch gab und noch nicht so heruntergekommen war wie am Ende, als es schließen musste, weil nur noch die Verwandtschaft der letzten Wirtin bis nachts am Tresen hing, damals kehrten am frühen Abend immer die älteren Männer aus den Neubauten mit ihren kleinen Hunden ins Barbarossa-Eck ein. Ich weiß nicht, warum sie alle so kleine Hunde haben, aber es ist so. Wenn ich mit meinem Hund vom Abendspaziergang zurückkam und die Männer mit ihren kleinen Hunden gerade auf dem Heimweg waren, manche leicht schwankend, grüßten sie meinen Hund. Na, Bruno, sagten sie dann. Vielleicht sollte der Gruß auch mir gelten, aber sie sagten nur: Na, Bruno.

Jetzt wird das Barbarossa-Eck gerade zu einer Wohnung oder auch zu einem Büro umgebaut und Bruno ist tot.

Die einzige wirkliche Attraktion in meinem Viertel ist eigentlich nur unser Buchladen, aber der liegt auf der südlichen Seite der Grunewaldstraße, was bedeutet, dass man die Grunewaldstraße erst wie einen Fluss überqueren muss, wenn man in den Buchladen will. Überhaupt ist unser Viertel durch vier Straßenflüsse abgeschnitten vom Rest der Welt: nördlich von der Hohenstauffenstraße, östlich von der Martin-Luther-Straße und westlich von der Bundesallee. Jedes Mal, wenn ich mein Viertel nicht mit dem Auto, sondern zu Fuß verlassen will, kostet mich das Überqueren eine kleine Überwindung, sogar wenn ich zu Frau Fritsch in den Buchladen will. In der Grunewaldstraße, sogar auf unserer, der nördlichen Seite, gibt es noch ein paar Geschäfte, in die ich gern gehe: einen Weinladen, in dem man auch Käse, Nudeln und Schinken kaufen kann, einen Kleiderladen, einen unbedingt erwähnenswerten Blumenladen, einen Optiker und einen Elektroladen, der alles hat, sogar noch alte Glühlampen. Auf der südlichen Seite gibt es Obst und Gemüse, Butter Lindner, einen Schuster und sogar noch ein Restaurant, das Robbengatter, das von morgens um acht bis nachts um zwei geöffnet ist. Apotheken gibt es auf beiden Seiten.

Aber Obst, Kleider, Wein und Pillen gibt es überall, unseren Buchladen ganz bestimmt nicht. Christiane Fritsch-Weith – so heißt unsere Buchhändlerin mit vollem Namen – liest tatsächlich die Bücher, die sie verkaufen will (welche sie nicht so gern verkaufen will, merkt sie nach ein paar Seiten, die liest sie nicht zu Ende); sie weiß, welches Buch zu welchem Kunden passt; wenn sie Lesungen veranstaltet, sind sie voll, auch wenn ein Debütant liest. Die Berliner Zeitungen und Rundfunkstationen fürchten sich vor ihr, weil sie so lange an deren Nerven sägt, bis ihre Veranstaltungen angekündigt werden.

Und wenn jemand ein Buch kaufen will, von dem Frau Fritsch meint, dass ihr Kunde lieber ein anderes lesen sollte, fragt sie: Ach, wollen Sie das Buch verschenken?

Aber wie schon gesagt, der Buchladen ist die einzige wirkliche Attraktion in unserem Viertel, und der liegt schon auf der südlichen Seite der Grunewaldstraße.

PETER STEIN ZIEHT MIT DER SCHAUBÜHNE an den Kurfürstendamm und wird das Berliner Theater mit Botho Strauß' *Paare und Passanten* und Maxim Gorkis *Sommergäste* beleben. Aischylos' *Orestie* hat am 18. Oktober 1980 Premiere und kann Maßstäbe setzen. P.A. Otte schickt die Buchhändlerin mit Freikarten zur Weiterbildung ins Theater.

Zu Hause in der Kufsteiner Straße lagerte sein kostbares Archiv mit Autographen, Briefen und unschätzbaren Originalen, das sein Freund Friedrich Luft auch nicht retten konnte. Nach P.A. Ottes Tod vernichtete seine Frau alles, nicht wissend, was da alles verloren geht.

In dieser Zeit richtet die Buchhändlerin zum ersten Mal den Blick in die Vergangenheit des Buchladens. Die Ausbeute ist karg. Kein Schriftstück findet sich, keine Fotografie des Buchladengründers, kein Bild seiner Persönlichkeit.

Wer war Benedict Lachmann? …

Woher kam er? …

Welches Schicksal hatte er? …

Wer kannte ihn?

Am Bayerischen Platz rührt sich was. Jusos recherchieren, und die Bewohner können Pappschilder vor den Wohnhäusern finden, auf denen geschrieben steht, wie viele Menschen aus diesen Wohnhäusern deportiert wurden. Dass das der Auftakt für das große Erinnerungsprojekt *Orte des Erinnerns* werden wird, ahnt noch niemand. Dass diese Erinnerungsarbeit auch dazu führt, dass die Buchhändlerin mehr über den Gründer des Buchladens erfährt, auch nicht. Jahre später wird bei der Ausstellung *Wir waren Nachbarn* in Alben an deportierte und vertriebene Nachbarn erinnert.

Viel später …

Im Jahr 2015 besucht Marion House den Buchladen und erzählt von ihren Kindheitserinnerungen. Sie lebte mit ihren Eltern in einer Acht-Zimmerwohnung am Bayerischen Platz 13/14, der Adresse des Buchladens von Benedict Lachmann.

Das Leben der Eltern mit der einzigen Tochter ist sorglos und großzügig. Das elfjährige Mädchen Marion blickte aus dem Fenster auf den Bayerischen Platz: »Ich habe viele glückliche Stunden hier verbracht. Ich konnte von unserem Balkon auf den Bayerischen Platz schauen, um mich zu vergewissern, dass die Freunde, mit denen ich spielte, schon bei dem Oktagon versammelt waren. Im Mai haben wir Maikäfer gesammelt und mit Blättern zusammen in Zigarrenkisten gesteckt, haben sie aber bald wieder freigesetzt. Wir waren alle leidenschaftliche Murmelspieler. Ich hatte einmal in der Handarbeitsstunde einen Beutel für meine Murmeln gestrickt. Ich tat meine Murmeln hinein und ging stolz damit auf den Bayerischen Platz, aber meine Strickkunst ließ zu wünschen übrig, denn als ich am Platz ankam, hatte ich alle Murmeln verloren, der Beutel hatte ein Loch.

Das Zigarrengeschäft Loeser und Wolf ist auf dem Bild an der Ecke Grunewaldstraße zu sehen. Dort habe ich am 1. April 1933 zugesehen, wie SA-Männer mit Plakaten auf denen stand: ›Deutsche wehrt euch, kauft nicht bei Juden‹ vor dem Geschäft Spalier standen. Das war der Auftakt für das, was da kommen sollte und hat mir einen großen Schreck versetzt. Ich war damals zehn Jahre alt. Ich erinnere mich auch an die zwei gelben Bänke, die auf dem Platz für Juden aufgestellt wurden. Auf den grünen durften wir nicht sitzen.

Bis zu diesem Zeitpunkt hatte ich eine friedliche und glückliche Kindheit. Dann änderte sich unsere Lage in jeder Hinsicht, und wir mussten von der herrlichen Acht-Zimmerwohnung in eine kleinere in Wilmersdorf ziehen. The rest is history.«

Marion House war Schülerin des Rückert-Gymnasiums in der Mettestraße. Ihre Eltern wurden deportiert und konnten überleben. Jährlich besucht sie bis heute ihre Schule, spricht fehlerfrei und charmant deutsch und unterhält in New York mit Freunden seit Jahrzehnten einen Literaturkreis. Man spricht deutsch am Mittwoch. Man lässt sich die Heimat-Sprache nicht nehmen.

Ende und Anfang

In Berlin rührt sich was … und die Buchhändlerin merkt nichts.

Der 9. November 1989 war ein Donnerstag. Die Tagesschau berichtete vom Polen-Besuch des deutschen Bundeskanzlers. Die Vertreibung der Deutschen war sein Gesprächsthema. Arte zeigte an diesem Abend den Film *Oberkellner* mit Yves Montand in dem sich der Satz: »Kollege kommt gleich«, ebenso häufig wiederholt wie die Zeile: »Grenze offen. Sondersendung um 22:30«.

Die Buchhändlerin hat keine Ahnung, um welche Grenze es sich handelt, aber dieses Ereignis wird die ganze Welt verändern und auch den Buchladen Bayerischer Platz.

West-Berlin gibt es über Nacht nicht mehr. Nun gibt es Berlin.

»Hier bin ich …«, sagt die Buchhändlerin, »… und hier bleibt auch der Buchladen …«, bekräftigt sie.

Es ist 1989: Der Buchladen wird 70 Jahre alt … wer hätte das gedacht.

Martha Behr, die Retterin des Buchladens stirbt, lange nach Paul, im neunzigsten Lebensjahr am 16. Dezember 1989.

Die Veränderungen sind gewaltig, die Erwartungen auch. Im Februar 1990 schließt die stadtbekannte Buchhandlung Elwert und Meurer am Innsbrucker Platz. Neue Zeiten kündigen sich an. Die Galerie La Fayette eröffnet rasch und läutet ein Kommen und Gehen ein, fnac kommt und geht sofort wieder. Große Buchhandelsketten zeigen sich interessiert: Die Volksbuchhandlungen in Ost-Berlin und Brandenburg stehen zum Verkauf und finden mutige Interessenten. Der Berliner Buchhandel erlebt plötzlich einen Sturm der Veränderungen … nach Jahren des bequemen Stillstands.

Die Buchhandlungen in der DDR und damit auch in Ost-Berlin sind »volkseigene Betriebe« (VEB), stehen also unter

staatlicher Kontrolle. Den Staat gibt es nicht mehr, jetzt soll es
die Treuhand richten, die überall, in allen Branchen, die Pri-
vatisierung oder Auflösung dieser VEB's vorantreiben soll. In
dieser Übergangszeit versuchen westdeutsche und West-Berliner (Groß-) Buchhandlungen oder Buchhandelsketten, ihren Fuß in das »Leseland DDR« zu setzen. In vielen Regionen
der Ex-DDR sind sie erfolgreich, die Treuhand gibt die Volksbuchhandlungen an Meistbietende ab und verhindert so Ei-
geninitiativen von Mitarbeitern, die in den Buchhandlungen
vorher gearbeitet haben und jetzt ihre Chance auf einen Neubeginn suchen. Der West-Berliner Landesverband der Buchhandlungen und Verlage will einen anderen Weg und setzt
sich bei der Treuhand weitestgehend durch: Man will keinen Ausverkauf an Buchhandelsketten, man will erfahrene
Buchhändlerinnen und Buchhändler und deren Privatinitia-
tive beim Neuaufbau des Ost-Berliner Buchhandels unterstützen – und so auch den Umbau des Volksbuchhandels in eine
vielfältige Buchhandelslandschaft. Das gelingt nicht in jedem
Fall, manche wichtige Buchhandlungen können als private
Unternehmen nicht überleben (auch weil sich zeigt, dass es
das »Leseland« so nicht mehr gibt bzw. vielleicht so auch gar
nicht gegeben hat). Der »alte« West-Berliner Buchhandel ge-
rät nach der Wende ein bisschen in den Windschatten, nicht
mehr der Kudamm, nicht mehr der Savignyplatz oder Charlottenburg, Kreuzberg und Schöneberg, sondern Berlin-Mitte, Prenzlauer Berg oder Friedrichshain sind die Gegenden, in
die Besucher und Käufer strömen, zunächst jedenfalls.

Gravierender sind aber andere Dinge. Der Hauptstadt-
boom bietet Raum für Spekulationen und Spekulanten, die
Mieten, insbesondere die Gewerbemieten gehen rasant nach
oben und machen auch Buchhandlungen das (Über-)Leben
schwer. Viele traditionelle Buchhandlungen verschwinden,
dafür wittern jetzt die großen Buchhandelsketten, die Berlin
wegen der unsicheren politischen Lage vorher gemieden haben, Morgenluft. Sie sind zunächst auch erfolgreich, vor allem
darin, kleinere Buchhandlungen zu verdrängen. Inzwischen
hat sich aber das Blatt wieder gewendet: Die Filialisten geben

ihre Filialen auf oder verkleinern sie. Neugründungen in vielen Stadtteilen beleben seit Jahren die Buchhandelslandschaft in Berlin, und diejenigen Buchhandlungen, die durchgehalten haben, stehen wieder besser da: sie bieten persönliche Beratung, ein besonderes Sortiment statt Einheitsbrei, sie machen Lesungen, zeigen in ihrer Umgebung individuell Flagge. Und verbunden mit neuen, schnellen Bestellsystemen können sie auch dem bekannten Internet-Riesen Paroli bieten.

MIETSTEIGERUNGEN WERDEN IN ALLEN Bezirken festgestellt. Der Potsdamer Platz in der neuen Mitte Berlins, konnte über Nacht an die Investoren verteilt werden. Neubauten wachsen aus den Brachen der Mauergrenze empor. Konzernlenker fahren in blinkenden Karossen vor. Alles soll anders werden. Berlin wird Hauptstadt und lädt die Welt zu sich ein. Altes soll verschwinden, Neues rasch seinen Platz finden. Wer wird bestehen können? Ist Veränderung nötig oder eher Beharrlichkeit? Oder beides?

Der Buchladen wird mutig und zieht im Sommer 1990 um, wird größer und behält trotzdem seine Adresse. In einer plötzlichen Sommer-Aktion ist der Bücherumzug aus der

An der neuen Adresse: Grunewaldstraße 59

Der neue alte Buchladen, 1990

einen Tür heraus ... in die nächste hinein, gemacht. Als die Leser aus dem Urlaub zurückkehren, hat der Buchladen sich verändert.

Der Computer ist im Buchladen eingezogen ... und der dicke Buch-Katalog ist ausgezogen. Das Internet ist eingezogen, und der Buchladen steckt nun seine Nase ins Web. Die Leser können ihren Buchladen mit dem großen Buchangebot dort finden und im Buchladen das bestellte Buch abholen. Damit ist die nötige Veränderung geschafft, glaubt die Buchhändlerin.

Im neuen Buchladen lesen die Schauspieler Christine Prober und Günther Tabor die große Literatur: Thomas Mann, Jaroslav Hašek, Selma Meerbaum-Eisinger stehen auf ihrem Programm. Das Publikum verfolgt die Abende mit großer Anteilnahme, alle Plätze sind besetzt.

Die Buchhändlerin fühlt sich dem neuen Berlin gewachsen.

Die Wende ist drei Jahre alt. Die Erwartungen des Immobilien-Markts steigen täglich. Die Mieten steigen täglich mit. Der Buchladen droht unter diesen Umständen seinen Mietvertrag zu verlieren.

Die Buchhändlerin kämpft zwei Jahre um den Vertrag und um Unterstützung. Sie sammelt sechstausend Unterschriften, besucht die Abgeordneten in ihren Büros. Fährt nach Bonn, erklärt den Abgeordneten engagiert die schwierige Situation und fordert politische Unterstützung in dieser Notlage.

Sie ist dem neuen Berlin kaum gewachsen.

Im Berliner Buchhandel kämpfen alteingesessene Unternehmen um ihre Existenz. Die Buchhandlung Kiepert am Ernst-Reuter-Platz versucht neue Wege zu gehen, nachdem das Berliner Zentrum nach Osten gewandert ist. Kleine Buchhandlungen können in ihren Kiezen kaum überleben, weil sich die Struktur der Bewohner ändert. Was Jahre zuvor in Frankfurt, Stuttgart, Hamburg und München geschah, ist nun in Berlin über Nacht Realität geworden.

Ein kapitaler Kampf hat begonnen, der die ganze Stadt verändert und auch für den Buchladen Bayerischer Platz die Existenzfrage stellt.

Wieder wenden die Parteien den Blick lächelnd ins Weite und heben entschuldigend die Schultern. Die Politik will sich nicht einmischen. Der Börsenverein in Frankfurt lächelt und schüttelt dabei kühl den Kopf: »Da können wir leider gar nichts machen!«.

Die Leserinnen und Leser wollen ihren Buchladen behalten. Sie engagieren sich, klopfen der Buchhändlerin aufmunternd auf die Schulter und sprechen ihr Mut zu: »Das kommt doch gar nicht in Frage!« »Die spinnen doch!« »Wir halten doch durch?«

In der schwarzen Nacht 1995

»War das damals auch so?«, fragt sich die Buchhändlerin in der Nacht. »Ist dieser Kampf verloren?«

»Sie müssen es machen!«, sagt die Buchhändlerin zu Jürgen Stange. »Ich habe den richtigen Ton nicht gefunden«, ergänzt die Buchhändlerin. »Sie müssen den Buchladen retten!«, sagt die Buchhändlerin.

Jürgen Stange sucht das Gespräch und findet seinen Ver-

Fest nach der Rettung, 1995

handlungspartner, verhandelt die Lösung und rettet den Buchladen Bayerischer Platz. Euphorisch feiern die Leser und die Buchhändlerin die Rettung und den Retter mit einem großen Fest. In einer ruhigen Minute dankt die Buchhändlerin ihrem Vermieter für den neuen Vertrag, und man versichert sich gegenseitig, dass nun gute gemeinsame Zeiten kommen werden.

Alles gelernt? Alles verstanden?
»Buchhändlerin? Buchhändlerin!«
Und was machen wir nun?

Lesung mit Christine Prober: Sie liest aus *Die vertauschten Köpfe* von Thomas Mann. Die Buchhändlerin schaut zufrieden auf das Publikum. Der Buchladen ist bis zum letzten Platz gefüllt. Aufmerksam wird die Lesung verfolgt und an der Kasse drängelt sich später das Publikum.

Trotzdem … die treue Leserschaft ist etwas in die Jahre gekommen und bleibt unter sich. Wo sind die mittleren Jahrgänge und die jüngeren Leser?

1. Harry-Potter-Lesungsfest

Wir sollten etwas tun!, sinniert die Buchhändlerin … und stellt fest, dass Harry Potter bei dieser Forderung der Buchhändlerin zum ersten Mal schelmisch um die Ecke blickt. Mit den Büchern von Joanne K. Rowling werden plötzlich Feste und Cocktailpartys für Jugendliche in den Buchhandlungen gefeiert, erwarten jugendliche Leser um Mitternacht das Erscheinen der neuen Bände und lassen den Buchladen jung, witzig und unbesiegbar erscheinen.

Zum 80. Geburtstag des Buchladens 1999 lässt sich die Buchhändlerin etwas einfallen. Sie legt eine *Galerie der Leser* an, in der über fünfhundert Fotos Leserinnen und Leser, Junge und Alte mit ihrem Lieblingsbuch zeigen. Dazu haben die Leser einen Lieblingssatz aus ihrem Buch zitiert. Der Künstler Biesalski bringt die Fotos und die Zitate auf Tafeln, das Fest mit Wein und Bier kann beginnen, und alle werden kommen. Die Presse berichtet über den Buchladen und seine Geschichte.

Wir müssen etwas tun, hat die Buchhändlerin gesagt und hat etwas getan: »Perlenumzug!«, steht auf der Einladungskarte und im Buchladen werden die alten Schönheiten aus den Regalen gezogen. Fein herausgeputzt sollen sie sich von ih-

Zum Jubiläum eine »Galerie der Leser«

Mit einer starken Idee hat eine kleine Berliner Buchhandlung gezeigt, wie man Kundenbindung preiswert praktizieren kann.

Christiane Fritsch-Weith: Lieblingslektüre »Faust und Urfaust« von Johann Wolfgang v. Goethe

Christiane Fritsch-Weith (50) hatte drei prägende Begegnungen mit großen Literaten dieses Jahrhunderts. Nachbar ihres Darmstädter Elternhauses war Arno Schmidt. Als 15jährige erlebte sie Ingeborg Bachmann bei der Rede zum Büchner-Preis, und während ihrer Arbeit für den S. Fischer Verlag lernte sie Elias Canetti kennen. Dadurch selbst zur Literaturenthusiastin geworden, zog Fritsch-Weith 1975 nach Berlin und kaufte den Buchladen am Bayerischen Platz.

Das 80. Jubiläum der Buchhandlung wollte die Sortimenterin nicht ungenutzt verstreichen lassen. Jeder Kunde, der seine Bücher in der kleinen Schöneberger Kiez-Buchhandlung kauft, sollte mitmachen können, alle Generationen und Professionen gleichberechtigt nebeneinander stehen. Das war die Grundidee, aus der Fritsch-Weith die „Galerie der Leser" entwickelt hat.

In zwei Monaten hat sie 500 Fotos von Kunden mit ihrem Lieblingsbuch zusammengetragen. 300mal hat die Buchhändlerin selbst auf den Auslöser gedrückt. Sie ist jetzt so gut wie umgeschult. Die überwiegend farbigen Fotos zeigen die Leser teils in privater Umgebung, teils in ihrer Buchhandlung. Unter jedem Foto steht ein Zitat – vom jeweiligen Leser ausgewählt.

Die Spanne ist breit. „Der Zauberberg", „Scarlett", „Ronja Räubertochter", „Gödel, Escher, Bach". Doppelungen einzelner Titel hat es gegeben, mußte es geben.

Nicht immer war es leicht, die Kunden für die Galerie zu gewinnen. Der Prozeß habe in dem Moment begonnen, in dem Fritsch-Weith das Projekt vorstellte. Ihr Lieblingsbuch zu finden ist den meisten schwer gefallen; noch schwerer häufig, daraus das Lieblingszitat zu wählen. Die meisten hatten ihr Buch vor langer Zeit gelesen, mußten sich

Magazin *Buchmarkt*, 24. November 1999

rer schönsten Seite zeigen zum 25. Lesefreundschaftsjahr der Buchhändlerin. Wir schreiben das Jahr 2000.

Junge Autorinnen und Autoren, junge Leserinnen und Leser rücken ins Blickfeld der Verlage und des Feuilletons. Der Bayerische Platz verändert sich. Die Zeit der Pendler kommt. Die

Berliner müssen in den Westen … Der Westen darf nach Berlin:

Herr P. hat nun seinen Arbeitsplatz in Bonn.
Frau M. kommt mit ihrer Familie nach Berlin.
Herr F. kann sich von Berlin kaum trennen.
Frau S. ist froh, endlich am Bayerischen Platz zu sein.
Frau G. kommt immer noch zu allen Lesungen.
Herr S. erobert sich gemeinsam mit seiner Frau das Buchladen-Terrain.
Familie W. kommt mit Kind und Kegel und findet Berlin schön.

Als Monika Maron zum ersten Mal im Buchladen liest, applaudiert das Publikum bei ihrem Erscheinen. Es ist ein großer Abend und ein Neubeginn in der Buchladengeschichte.

Wir müssen etwas tun, hat die Buchhändlerin gesagt und es ist gelungen. Die langjährigen Besucher nehmen neben berufstätigen Müttern und deren vielbeschäftigten Männern Platz. Jugendliche Leser holen sich Bücherrat und Kinder besuchen ihren Buchladen alleine, plaudern mit der Buchhändlerin und wählen ihre Lektüre selbstbewusst aus.

Der Autorin Monika Maron folgen Joachim Gauck, Pascale Hugues, Manfred Flügge, Helga Hirsch, Eva Menasse, Michael Kumpfmüller, Jakob Hein, Karl Schlögel, Ulrike Edschmid, Urs Widmer, Peter Urban, Antonia Grunenberg, Hartmut Lange, Rafael Seligmann, Peter Schneider, Marie-Luise Scheerer, F.C. Delius, Sonja Margolina, Katja Lange-Müller, Judith Hermann, Dieter Richter, Sibylle Lewitscharoff, Tanja Dückers, Arnon Grünberg … und … und … und die Jugendbuchautoren Salah Naoura, Michael Wildenhain und Zoran Dvrenkar.

Zwanzig Lesungen im Jahr sind keine Seltenheit mehr. Der wöchentlich erscheinende *Literaturkurier* hält Kontakt zu den Lesern und flicht ein festes Band zwischen dem Buchladen und ihnen.

Neben der Literatur sind die Leser das Hauptinteresse der Buchhändlerin. Sie beschreibt ihren Beruf so: *Die Buchhänd-*

ler finden den richtigen Leser zum richtigen Buch. Sie haben beides im Auge und nur, wenn das klappt, ist das Lesevergnügen perfekt.

Deshalb wird nach den vielen Jahren der Frauenbewegung der Blick der Buchhändlerin auch wieder stärker auf die kleinen Jungen mit ihren Interessen gerichtet, und auch die männlichen Leser sollen hier richtig gut verstanden und beraten werden. *Männer und Frauen lesen anders ...* und das ist gut so ... wird ihr Motto.

Lange gewartet ... aber nicht umsonst

»Es muss doch jemanden geben!«, findet die Buchhändlerin. »Aber wo?«, fragt sie sich.

Am 5. oder 6. Oktober 2010 geht die Buchladentür auf, eine Dame betritt den Raum, möchte fotografieren und stellt sich vor: »Deborah Leighton. Ich bin eine Großnichte von Benedict Lachmann.«

Die Buchhändlerin traut ihren Ohren nicht. Endlich steht ein Familienmitglied der Familie Lachmann im Buchladen! Die Frauen erzählen sich viel, machen einen Spaziergang um den Bayerischen Platz, trinken Kaffee, gehen ins Konzert, umarmen sich und verabreden sich.

Martha, Benedicts Schwester, ist »Omi«. Sie hat als einzige der Geschwister die Verfolgung durch die Nazis gemeinsam mit ihrem Ehemann und ihrem Sohn überlebt ... und deren Sohn Peter ist Deborahs Vater.

Gemeinsame Urlaubstage in der sonnenbeschienenen Vendée besiegeln die Freundschaft. Deborah freut sich darüber, dass der Buchladen ihres Großonkels immer noch am Bayerischen Platz ist und dass sein Andenken dort bewahrt wird. Die Buchhändlerin genießt es, dass sich nun der Kreis endlich schließen kann.

Der Buchladen Bayerischer Platz ist immer noch ein literarisches und soziales Zentrum, und die Buchhändlerin bewundert erneut den Weitblick von Benedict Lachmann, der genau vor mittlerweile 96 Jahren diesen Platz für seinen Buchladen aussuchte.

Pascale Hugues, 2009
Mein wunderbarer Buchsalon

Es ist wie im Hamam. Eng aneinandergepresst sitzt ein Dutzend Frauen auf der Bank vor den Regalen und fächelt sich mit Büchern Luft zu. Von ihren feuchten Stirnen perlt der Schweiß. Ein alter Herr lehnt an den Kochbüchern. Um sich zu konzentrieren, hat er die Augen geschlossen. Alle Klappstühle sind besetzt, bis in den letzten Winkel, von der Kochnische bis zur Toilettentür, überall. Man hat sogar einen Mülleimer umgedreht und damit einem kleinen Mädchen in der ersten Reihe zu einem provisorischen Hocker verholfen. Wer keinen Sitzplatz gefunden hat, steht in der Nähe der Tür. Auf den Stapeln mit den Neuerscheinungen balancieren Weißweingläser (Rotwein ist verboten, wegen der Flecken!). Es gibt Salzstangen auf Schillers Gesamtausgabe und Plastikbecher auf Orhan Pamuk. Andächtiges Schweigen im Buchladen Bayerischer Platz.

Heute Abend hängt der ganze Kiez an den Lippen von

Lesung mit F.C. Delius, 2014

Christiane Fritsch-Weith. Die Buchhändlerin stellt die neuen Bücher der Saison vor. Sie sitzt an einem kleinen weißen Holztisch. Zu ihren Füßen kniet ihr Mann und stellt das Mikrophon ein. Ihr Bruder macht Fotos. An der Tür lässt ihr Sohn einzelne abgewiesene Kunden ein, die auf dem Bürgersteig aufgereiht standen und sich die Nase an der Scheibe platt gedrückt haben. Wenn alle noch ein bisschen zusammenrücken, passen ein oder zwei mehr in die vollgestopfte Buchhandlung.

Christiane Fritsch-Weith greift ein Buch nach dem anderen von der Pyramide neben ihr. Sie schwenkt es wie eine Trophäe. Ein guter Krimi! Ein faszinierendes Sachbuch! Ein unbekannter junger Autor! Und nicht zu vergessen: die Bilderbücher! »Dieses Buch hier ist etwas für Sie und für Sie!« Sie deutet auf zwei Stammkunden in der ersten Reihe. Sie kennt sie so gut. Die Kunden nicken und kreuzen die Bestellungsliste an, die sie am Anfang bekommen haben. Christiane Fritsch-Weith ist so leidenschaftlich, so überzeugend, dass man plötzlich von einer wilden Lust ergriffen wird, überhaupt alles anzukreuzen, seinen Bücherstapel zu schnappen und in die schwarze

Nacht der Grunewaldstraße zu fliehen, um sich ins Bett zu legen, die Nachttischlampe anzuknipsen und bis zum Morgengrauen die Seiten zu verschlingen.

Der Buchladen Bayerischer Platz ist eine sehr alte Berliner Institution. Dieses Jahr feiert er seinen 96. Geburtstag. Benedict Lachmann, ein jüdischer Intellektueller, gründete ihn im Jahr 1919. Für ihn waren Bildung und Literatur ein Grundrecht. Sein Buchladen führte auch eine Leih-Bibliothek. 1937 verkaufte Lachmann seine Buchhandlung an einen rein arischen Angestellten. War er gezwungen worden, das Geschäft für ein Butterbrot zu verkaufen? Die dunkle Geschichte dieser Übergabe bleibt ein Geheimnis. Nach Recherchen des Kunstamtes Schöneberg wird Lachmann nach Łódź deportiert, wo er stirbt.

Im Jahr 1975 übernimmt Christiane Fritsch-Weith die Buchhandlung. Sie ist 25 Jahre alt. Vor einiger Zeit taucht doch plötzlich diese nebelige Vergangenheit des Buchladens auf. Es war ein Morgen im Herbst. Ein normaler Arbeitstag. In ihrem Büro verschickt Christiane Fritsch-Weith gerade ein Fax. Eine etwa fünfzigjährige Frau stößt die Tür zum Buchladen auf. Mit entschlossenen Schritten steuert sie an den Bücherpyramiden vorbei nach hinten in den Laden. Sie möchte die Erlaubnis, ein Foto zu machen. »Ein Foto? Wozu das denn?«, fragt die Buchhändlerin. Die Besucherin stellt sich vor: »Ich bin Deborah, die Großnichte von Benedict Lachmann!« Christiane Fritsch-Weith wundert sich nicht. Ihr war klar, dass ein Mitglied der Gründerfamilie sie irgendwann aufsuchen würde. Sie hat die Hoffnung nie aufgegeben. Eines Tages wird jemand kommen, sagte sie sich manchmal, wenn sie die Passanten auf dem Bürgersteig betrachtete. Und da ist Deborah, in Reichweite. Plötzlich schließt die Geschichte ihren Kreis. Benedict Lachmanns Großnichte ist aus Melbourne angereist. Dieser jüdische Großonkel, den sie nie kennengelernt hat, gründete 1919 am Bayerischen Platz 13/14 eine *Moderne Buchhandlung und Leihbücherei*. Das im Krieg ausgebombte Geschäft wird aus seinem Schutthaufen wieder auferstehen, an der heutigen Adresse Grunewaldstraße 59. Deborah staunt: Die Buchhandlung hat überlebt.

Übrigens ist Christiane Fritsch-Weith erst die dritte Inhaberin. Als sie, eine junge Frau mit zwei kleinen Kindern, eine Menge Ideen im Kopf und sehr viel Mut, den Laden am 1. April 1975 kauft, weiß sie, dass sie sich nicht nur auf ein riskantes Geschäft einlässt, sondern auch die zerfetzte Geschichte eines ganzen Jahrhunderts übernimmt.

Vor zehn Jahren haben Christiane Fritsch-Weith und ihr Ehemann Peter beschlossen, die Bruchstücke wieder aufzusammeln. Sie machen sich an die Recherche. Sie wühlen sich durch die Archive, wälzen Akten, studieren Adressbücher … und allmählich tritt Benedict Lachmanns erbarmungsloses Schicksal in seinen großen Linien zutage.

In den zwanziger Jahren trifft sich hier das an Intellektuellen und aufgeklärten Bürgern so reiche Viertel. Albert Einstein und Gottfried Benn sind Stammkunden. Sie wohnen um die Ecke. Benedict Lachmann ist Freidenker, Herausgeber der Zeitschrift *Der individuelle Anarchist*. Christiane Fritsch-Weith ist sehr stolz auf die zwölf Hefte, die sie in miserablem Zustand in einem Antiquariat aufgestöbert hat. Sie hat sie von einer Buchbinderin restaurieren lassen.

Der Philosoph Benedict Lachmann veröffentlicht auch *Platz dem Egoismus!,* ein kleines Buch, in dem er das Denken von Protagoras, Nietzsche und Stirner analysiert. In diesen Seiten stößt die heutige Besitzerin zum ersten Mal auf den Namen ihres Vorgängers. Das lindgrüne Buch steht im Regal zwischen den großen Meistern der deutschen Literatur. »Was für ein Feuer in diesem Mann!«, ruft Christiane Fritsch-Weith jedes Mal aus, wenn sie darin blättert. Und wenn man sieht, wie diese zarte kleine Frau für ihre Arbeit brennt, glaubt man, dass in beiden Buchhändlern die gleiche Flamme wohnt.

Der kurze Briefwechsel zwischen Benedict Lachmann und dem *Bund Reichsdeutscher Buchhändler* spricht Bände über das große Drama der jüdischen Buchhändler. Mit ihrer kalten Bürokratensprache zeigen diese Worte, wie die Ausgrenzung der Juden abläuft: Im Juni 1935 beantragt Benedict Lachmann

LACHMAN		Name שם המשפחה
		שם המשפחה בעברית Name in Hebrew
LACHMAN		שם המשפחה בשפת ארץ המוצא Name in the language of the country of origin
BEN (BRUNO BENEDIKT)		First Name שם פרטי
		שם פרטי בעברית First Name in Hebrew
LACHMAN		שם המשפחה הקודם בעברית Previous Name
		שם המשפחה הקודם בעברית Previous Name in Hebrew
		שם כנוי או שם מושאל Pseudonym, if any
WOLFF LACHMAN		שם האב Name of Father
EMMA LACHMAN		שם האם Name of Mother
		מצב משפחתי (מספר ילדים) Family status (Number of children)
		תאריך הלידה Date of birth
CULM / West Prussia Germany		מקום וארץ הלידה Country and place of birth
		השתייך/ה לקהילת/ות Member of the Kehila/ot
		בארץ In (country)
German		תושבות בשנת 1939 Nationality in 1939
Writer and Proprieter of a Bookshop		המקצוע Occupation
Berlin, Germany		ארץ ומקום המגורים Country and place of residence
Concentration Camp in Poland		המקום והזמן של מותו/ת Place & Date of death
		סיבת המות Cause of death
Concentration - Camp in Poland		הכתובת האחרונה הידועה של הנרשם Last known Address
		כתובת ידועה מזמן המלחמה Addresses during the War
		שם האשה Name of wife
deceased		הכתובת הנוכחית Present address

Country ארץ	State מקום	Address כתובת	Name of Children שמות הילדים

Address: 7 Ellesmere Rd. Melbourne, S.1. Resident of I, undersigned M. Leighton Sister

Signature of Recorder: Martha Leighton

Date: Place: Melbourne/Australia

Seite aus dem Verzeichnis der Holocaust-Opfer, Yad Vashem

die Genehmigung, einen Lehrling einzustellen. Antwort vom *Bund Reichsdeutscher Buchhändler*: »Wir bedauern sehr, Ihnen Lehrlinge für Ihre Buchhandlung, solange sie in nichtarischem Besitz ist, nicht zuteilen zu können, da die Gewähr für die Einhaltung des Lehrvertrages durch Sie nicht mehr gegeben ist. Sollten Sie uns jedoch mitteilen, dass die Überführung Ihrer Firma in arischen Besitz durchgeführt ist, so ist der Gau Groß-Berlin gern bereit, der Firma Lehrlinge zuzuweisen. Heil Hitler!« Ein nichtarischer Buchhändler darf keinen Lehrling ausbilden. Benedict Lachmann ist nicht mehr geschäftsfähig. Im März 1937 ist er gezwungen, seine Buchhandlung an seinen Angestellten, den Prokuristen Paul Behr zu verkaufen. Einige Wochen später gibt dieser in einer Kleinanzeige die Übernahme des Geschäfts bekannt »mit der Bitte an die Herren Verleger, mir die selben Bedingungen einzuräumen wie meinem Vorgänger«. Welch unbewusste Ironie in dieser Bitte! Nur ein Brief der Gesellschaft der Quäker in London bezeugt die vergeblichen Anstrengungen des gebrochenen Mannes »living in somewhat unhappy circumstances« (das britische Understatement in seiner absurdesten Form!), Deutschland zu verlassen. Es handele sich um einen Autor mit einem gewissen Renommee, schreibt die zuständige Angestellte der Society of Friends in Bloomsbury in gepflegtem Englisch. Sie zeichnet das Porträt eines »elderly gentleman of pleasant appearance«, der etwas Englisch spricht und auf einen Bürgen in England hofft. Aber alle Bemühungen führen ins Leere. Im Oktober 1941, mit 64 Jahren, wird Benedict Lachmann ins Ghetto Łódź deportiert. Am 4. Dezember stirbt er an Kälte, Unterernährung, Erschöpfung. Ein Stolperstein wurde auf dem Trottoir vor dem ursprünglichen Ort der »Modernen Buchhandlung und Leihbücherei« verlegt.

Benedict Lachmann hatte drei Schwestern. Eine von ihnen, Martha, arbeitete für den Kindertransport und schickte ihren zwölfjährigen Sohn nach England. Deborah ist die Tochter dieses später nach Australien ausgewanderten Sohnes. Benedict Lachmann wird ein Mann ohne Gesicht bleiben. Christiane Fritsch-Weith hatte gehofft, Deborah werde ein Foto aus der Handtasche ziehen und eine Anekdote nach der anderen erzählen. Aber Deborah weiß nichts über ihren Großonkel. Stattdessen berichtet Christiane Fritsch-Weith ihr, was sie von seinem Leben erfahren hat. Die beiden Frauen freunden sich an und machen zusammen Urlaub in Frankreich. Jeden Donnerstag in Melbourne liest Benedict Lachmanns Nichte den *Literaturkurier*, das Online-Journal der Buchhandlung ihres Großonkels, die (heute) nun ihren 96. Geburtstag feiert.

Nach all den Jahren ist der Buchladen Bayerischer Platz immer noch da, unverrückbare Säule zwischen Butter Lindner, Apotheke und Klaviersalon. Ein kleiner Laden, der auf den ersten Blick nach nichts aussieht. Keine frischgeschnittenen Liliensträuße auf der Theke. Keine tiefen Lederfauteuils, in die man mit einem Latte Macchiato und einem Bestseller versinken kann. Keine Designertheke, keine raffinierte indirekte Beleuchtung. Stattdessen eine Reihe willkürlich angebrachter (Neon) Lampen an der Decke, ein abgenutzter Teppichboden mit den Spuren der Jahre und der umgekippten Prosecco-Gläser, Wände, denen wieder eine Behandlung mit frischer Farbe nicht schaden würde. Christiane Fritsch-Weith gibt nicht viel auf die Innenausstattung: »Die Kunden sind konservativ. Man will nicht in seine Kneipe kommen und jemand hat alles verändert.« Einziges Zugeständnis: die knallrote Espressomaschine, die ein Lieferant der Buchhandlung zum Jubiläum geschenkt hat. Sie thront neben den Wörterbüchern.

Der Buchladen Bayerischer Platz ist eine der tapferen kleinen Buchhandlungen, die den gefräßigen großen Buchhandelsketten widerstanden haben. In diesen angesagten, aber seelenlosen Supermärkten verkauft man Bücher, die man nicht gelesen hat und nicht wirklich liebt. »Wir wollen die Bücher, die wir verkaufen können«, ist die Forderung von Maximilian Hugendubel. Die Verlagsvertreter beklagen sich seit Jahren, dass die Buchhändler nicht mehr lesen, dass sie häufig nicht wissen, was sie ihren Kunden da eigentlich verkaufen. Socken oder Gedichte, das ist Jacke wie Hose. Nicht so bei Christiane Fritsch-Weith. Sucht man hier ein Buch, so trifft man auf eine passionierte Fürsprecherin. Man fragt sich, woher diese kleine schlanke Frau ihre überbordende Energie und ihren ansteckenden Enthusiasmus nimmt – immer ist sie gut gelaunt, immer ist sie bereit, ihre kleine Holzleiter hochzuspringen, um auf dem obersten Regalbrett einen Schatz zu heben, immer hat sie Geduld mit den Kindern, die sich nicht entscheiden können, und mit den alten Damen, die ihr tausend Fragen stellen.

Wenn ein Kunde sie um Rat fragt, horcht Christiane Fritsch-Weith ihn von Kopf bis Fuß ab, versucht, sich in sein

Leben zu versetzen, seine Gedanken zu lesen. »Der Kunde ist ganz anders als ich. Ich muss in seine Haut schlüpfen«, erklärt sie. Und zwar in Rekordzeit. »Herr Schmidt kommt zu mir, weil er ein Buch für seine Schwiegermutter zum Geburtstag braucht. In wenigen Minuten muss ich mir ein Phantombild von dieser Dame machen, die ich noch nie gesehen habe. Und was versteht der Schwiegersohn darunter, wenn sie sagt, sie lese gerne etwas Amüsantes? Ein Krimi könnte zu aufregend sein … Ein klassischer Roman zu anspruchsvoll … Dann versuche ich ohne Hochmut einen guten Unterhaltungsroman zu finden.« Besonders viel psychologisches Geschick muss Christiane Fritsch-Weith aufbringen, wenn ein Teenager mit Beatlesfrisur, hängenden Schultern, dem Ausdruck von »kein Bock, o Mann!« die Ladentür aufstößt. Er wird von seinem Vater begleitet. Spannung liegt in der Luft. Der Vater findet, dass es an der Zeit ist, die Comics aufzugeben, um sich endlich bildungsbürgerlicher Lektüre zu widmen. Conrad, Salinger, warum nicht Thomas Mann!!! »Was ich in deinem Alter gelesen habe«, knurrt er. »Die Jugendlichen von heute lesen nur Unsinn!« Der Junge duckt sich und wirft einen freudlosen Blick auf die Lieblinge des Hauses, wie sie in ihren farbigen Umschlägen die Regale bevölkern. Mit einem Blick hat Christiane Fritsch-Weith die Bedrohlichkeit der Lage erfasst. Ein potenzieller Leser muss gerettet werden. Sie ignoriert das Plädoyer des Vaters. Sie wendet sich an den Sohn. Sie nimmt ihn mit in die hinterste Ecke des Ladens. Sie spricht nur noch mit ihm. Und nimmt ihn ernst: »Wenn du lieber Comics magst, ist das in Ordnung.« Endlich fühlt der Jugendliche sich verstanden. Zum Teufel mit Joseph Conrad! Er fasst Mut. Und in zehn Minuten ist alles gelaufen: Mit einem Comic und drei für sein Alter geeigneten Romanen zieht er ab. Der Junge wird die ganze Nacht lesen. Joseph Conrad wird erscheinen, wenn die Zeit dafür reif ist, verspricht Christiane Fritsch-Weith. Da ist sie sich ganz sicher. Das Lesen ist wie die Liebe, man darf nichts erzwingen.

Schon immer war Christiane Fritsch-Weith eine begeisterte Leserin. Ihr Vater war Vertreter für den Fischer Verlag.

Und er war sparsam: Er zerschnitt die alten Bestellaufträge des großen Verlagshauses zu Toilettenpapier für die Kinder. Im Bad setzte das kleine Mädchen das Puzzle zusammen und entdeckte die Welt der großen Schriftsteller. Seitdem liest sie ständig. Abends mindestens eine Dreiviertelstunde, im Bett vor dem Einschlafen. Morgens am Frühstückstisch. Sonntags ebenfalls. Aber die schönste Zeit des Jahres sind für sie die Sommerferien, vier Wochen in einem großen Haus in Frankreich: »Wegen der fünfzig Bücher, die ich mitnehme, muss ich mit dem Auto fahren. Im Flugzeug müsste ich zu viel Übergewicht bezahlen. Was ich zum Anziehen mitnehme, ist mir nicht so wichtig wie die Bücher, die ich lesen will.« Die Buchhändlerin von Schöneberg lässt sich auf einem Liegestuhl unter einem Lindenbaum zwischen Niort und La Rochelle nieder. Sie stellt ihr Programm für den Herbst zusammen, »der Grundstock muss gelegt sein. Wie sieht der Leser für dieses Buch aus?« Sie denkt an Herrn Schmidts Schwiegermutter und an den bockigen Teenager.

Im Buchladen Bayerischer Platz bestehen die Käufer zu neunzig Prozent aus Stammkunden. »Die Stammkunden sind das, was Friseure, Ärzte und Buchhändler gemeinsam haben. Man geht doch nicht plötzlich ein unnötiges Risiko ein und wechselt einfach den Friseur! Mit dem Buchhändler ist es das Gleiche!« Und wenn Frau Bayer sich wochenlang nicht blicken lässt, ist ihre Buchhändlerin die erste, die sich deshalb Sorgen macht. O Gott, ist mit Frau Bayer etwas passiert? Viele kommen vorbei, um sich ein wenig zu unterhalten, wenn sie Kummer oder Sorgen haben. Die Buchhändlerin hat im Viertel eine soziale Funktion. Und Christiane Fritsch-Weith kümmert sich um ihre Kunden. Sie begrüßt sie mit Namen, wenn sie die Ladentür öffnen. Für die Ältesten ist bei Lesungen immer ein Platz in der ersten Reihe reserviert. Jeden Donnerstag erhalten 1600 Abonnenten pünktlich um 7.06 Uhr den illustrierten *Literaturkurier* als Mail. Lesetipps, Ankündigungen von Lesungen und Rückblick auf vergangene Lektüren, Hinweise auf Literatursendungen im Radio und im Fernsehen und als Bonbon eine hübsche Anekdote aus dem Buchladen.

Die Buchhändlerin feiert ihr vierzigjähriges Jubiläum, 6. Juni 2015

Im Lauf der Jahre haben die Berliner Autoren ein enges Band zum Buchladen Bayerischer Platz geknüpft. Sie bilden einen liebevoll umsorgten Hof. Monika Maron ist Stammgast, Nachbarin und Favoritin von Christiane Fritsch-Weith. Zu den Protegés zählt Manfred Flügge ebenso wie Eva Menasse. »Katja Lange-Müller und Michael Kumpfmüller gehören auch zu uns!«, bestimmt die Buchhändlerin. Die Schriftsteller wissen, dass sie in diesen exklusiven Zirkel aufgestiegen sind, wenn ihr Buch mehrere Wochen auf der Theke ausgestellt wird, da, wo die Kunden ihr Portemonnaie zücken. Die Autoren bringen andere Autoren mit. Monika Maron hat Judith Hermann überzeugt, hier zu lesen. Der Buchladen Bayerischer Platz ist Jakob Heins Lieblingsbuchhandlung. Er ist etwa so alt wie der Sohn des Hauses, und Christiane Fritsch-Weith liebt ihn heiß: »Wenn er hier liest, werden wir zehn Jahre jünger. Wir lachen uns alle kaputt. Eine Gnade!« Und hier zelebriert Karl Schlögel die Premiere jedes neuen Buches: »Eine große Ehre für uns! Er hält eine Vorlesung für Leute wie Sie und mich. Man könnte eine Stecknadel fallen hören.«

Nur eine Sache bedauert Christiane Fritsch-Weith. Und zum ersten Mal verdüstert sich ihr Gesicht: »Es gibt Engel in

meinen Regalen, und ich sehe sie nicht. Es gibt Bücher, die un-
erkannt bleiben. Das ist das riesige Drama. Und ich empfinde
Schuld gegenüber diesen wunderbaren Autoren.« Die Buchhändlerin von Schöneberg senkt den Kopf, und man glaubt
sie erröten zu sehen.

Über die Recherchen zu diesem Buch

Es ist erstaunlich, dass man über Benedict Lachmann kaum etwas Persönliches in Erfahrung bringen kann, obwohl er als Autor, Herausgeber, Buchhändler und offenbar auch als Begleiter der literarischen Bohème in den zwanziger Jahren eine gewisse Bekanntheit haben musste. Deswegen war es eine Überraschung, in einem Aufsatz über die Familie Ball und ihr Haus in Calau einen Brief von Lachmann zu entdecken, den wir im vorderen Teil nur kurz zitiert haben und hier vollständig abdrucken:

Benedict Lachmann
Brief an Lotte und Kurt J. Ball-Kaduri
Sommer 1938, aus Calau

Ich kann Euch gar nicht sagen, wie wohl ich mich hier fühle. Jede Erwartung ist weit übertroffen, und Ihr könnt Euch nicht denken, welchen Dienst Ihr mir erwiesen habt, dass ich hier hausen kann. Nachdem die Schwierigkeiten der ersten näheren Bekanntschaft mit dem Haus und der Stadt und das ganze Drum und Dran überwunden waren, habe ich hier Wurzel geschlagen. Ich habe das Haus mit allen seinen Skurrilitäten, den seltsamen Zimmern, der steilen, engen Treppe, dem pompösen Saal mit den alten Türen und Schlössern und Fenstern so liebgewonnen, als ob ich jahrelang schon hier wohnte. Dass ich noch nicht im Nebensaal arbeiten kann, weil es trotz ständiger Durchlüftung noch zu kalt ist, ist ein nicht zu beseitigender Übelstand, mit dem ich mich einstweilen abgefunden habe.

Seit mehreren Tagen, nachdem ich meine Notizen geordnet habe, habe ich auch zu arbeiten begonnen und es geht ausgezeichnet. Es ist herrlich, kein Telefon zu haben, keine Menschen, die einen durch unnötige Fragerei aufhalten, und so ganz für sich zu leben. Mit Frau Paulick komme ich ausgezeichnet aus; sie erinnert mich ein bisschen an meine alte Tümmel. – Ich wache –wie auch in Berlin – um 6 Uhr auf (nachdem ich ausgezeichnet geschlafen habe), dann arbeite ich, frühstücke, arbeite weiter, schlafe ein bisschen, arbeite weiter, dann gehe ich essen, arbeite und gehe spazieren: jeden Tag von etwa 5-6 Uhr gehe ich durch die Felder, einmal im großen Halbbogen nordwärts um die Stadt, dann südwärts. Man trifft kaum einen Fußgänger, man sieht wenig Menschen, und ich hatte eigentlich von meinen Winterbesuchen nicht den Eindruck gehabt, dass es eine so friedliche, angenehme Landschaft ist. Beim Heimweg besorge ich meine »Wirtschaft«, dann arbeite ich oder lese. Ich habe mir schöne Bücher mitgenommen, die ich liebe: George Sand, Nodier und dergl. Auch ein paar moderne Bücher, die ich noch nicht angesehen habe. Immer, wenn ich das Haus verlasse oder zurückkehre, muss ich an die alten Häuser in Weimar denken, an das Wieland'sche Haus oder an Göttingen und die »Göttinger Sieben«. Es ist eine ganz eigene, bis ins Tiefste angenehme und sympathische Atmosphäre in und um das Haus mit seinen schönen, altmodischen Möbeln, dem Geschirr und der Ahnengalerie. Also, liebe Leute, ich habe es noch nie so gut getroffen mit einem Aufenthalt fern von Berlin und mich noch nie in einer fremden Umgebung so wohl und zuhause gefühlt. Auch habe ich noch nie so große Lust zum Arbeiten gehabt, selbst die Tatsache, dass ich kein Geld habe und dass die Berliner Zensur noch nicht entschieden hat, wovon für mich viel abhängt, stört mich wenig. In England ist meine Sache, wie es scheint, in sehr guter Entwicklung, und wenn das klappt, habe ich keine Sorgen für die Zukunft.

Ich freue mich sehr, dass Ihr herkommt, und werde Euch bestens in meinem Hause aufnehmen. Pfingsten wird es wohl sehr voll werden.

(Der Brief ist dokumentiert in: »*Gestern sind wir hier gut angekommen*«, *Beiträge zur jüdischen Geschichte in der Niederlausitz, Der Speicher,* Heft 9.
Das Buch, an dem Lachmann damals schrieb, erschien 1939 im

Jüdischen Buchverlag, Berlin: *Der Bürgerkönig. Frankreich zwischen den Revolutionen 1830 – 1848.)*

Dass sich über Lachmann so wenig finden lässt, hat vor allem mit der Judenverfolgung und -vernichtung zu tun. Ganze Familien und Freundschafts- oder Bekanntenkreise wurden ermordet und damit auch persönliche Dokumente, Briefe, Erinnerungen. Als ob es sie nie gegeben hätte. So verdienstvolle Archive wie das in Yad Vashem sind angewiesen auf Zeugnisse von Überlebenden – und können von daher oft nur lückenhaft oder spärlich Informationen über die Ermordeten zur Verfügung stellen.

Ebenso schwer, wenn auch aus ganz anderen Gründen, ist es, an Informationen über die Täter heranzukommen; das ist umso erstaunlicher, als es sich um Täter aus dem doch sehr öffentlich agierenden Buchhandels- und Verlagswesen, in diesem Fall um zwei sehr überzeugte und aggressive Nationalsozialisten handelt, Hans Höynck und Gustav Langenscheidt, mit denen es auch Benedict Lachmann zu tun bekam. Die Gründe für diese Schwierigkeiten liegen zunächst daran, dass das Archiv des Börsenvereins, also der Standesorganisation der Buchhändler und Verleger, im Zweiten Weltkrieg zu großen Teilen vernichtet wurde. Und natürlich, zweitens, daran, dass bei vielen Buchhandels- und Verlagsfirmen nach 1945 kein großes Interesse daran bestand, die Verwicklungen der einzelnen Firmen und Institutionen oder einzelner Personen, die zu diesen Firmen und Institutionen gehörten, mit der nationalsozialistischen Diktatur offenzulegen. Das hat sich seit einiger Zeit teilweise geändert, aber immer noch ist es frappierend, wie viele Erkenntnislücken sich bei gezielten Recherchen ergeben. Deswegen nur diese dürftigen Informationen:

Hans Höynck, 1897 geboren, war zunächst Buchhändler, bevor er Funktionär im Standesverband des Buchhandels oder in NS-Parteiorganisationen wurde. Die Berliner Morgenpost vom 30. Dezember 1933 brachte folgende Meldung:

»Die Reichsstelle zur Förderung des deutschen Schrifttums teilt mit: Innerhalb der Reichsstelle wurde ein ›Amt für öffentliche Buchwerbung‹ geschaffen, dem Vertreter aller am Buch interessierten Kreise angehören werden. Die Leitung des Amts wurde dem Buchhändler Hans Höynck übertragen.«

Diese »Reichsstelle« und damit auch das »Amt für öffentliche Buchwerbung« waren keine staatlichen, sondern NSDAP-Organisationen, die die Aufgabe hatten, nach den Attacken und Vernichtungen »undeutschen« Schrifttums für Literatur im Sinne der nationalsozialistischen Kulturpolitik zu werben – mit Buchwochen, gezielten Empfehlungen an den Buchhandel und vor allem durch öffentliche Kampagnen. Beide Einrichtungen unterstanden Alfred Rosenberg, dem Chefideologen der NSDAP.

Danach wurde Höynck Leiter der Berliner Zweigstelle des Börsenvereins, war Geschäftsführer der Landesleitung Berlin der Reichsschrifttumskammer und anderer gleichgeschalteter Branchenorganisationen, in denen er als strammer Nationalsozialist alles tat, um jüdische Branchenmitglieder dazu zu bringen, ihren Beruf aufzugeben und aus der Branchenorganisation zu verschwinden. 1938 wurde er Geschäftsführer der Korporation Berliner Buchhändler, eines wirtschaftlichen Zusammenschlusses, den er im nationalsozialistischen Sinne führte.

Nach dem Krieg und dem Ende des Nationalsozialismus war Höynck, als ob nichts gewesen wäre, wieder in (West-) Berliner und westdeutschen Branchenorganisationen tätig.

In einem »Brief an Vetter Hans« vom Januar 1947 schreibt der Buchhändler Heinz Benecke, der als Jude die Nazizeit überleben konnte: »Leider sind auch die Leute aus der Reichsschrifttumskammer, die den Berliner Buchhandel während der Nazizeit leiteten und mich ziemlich schikanierten, immer noch im Buchhandel tätig. Entweder nie Pg. gewesen oder entnazifiziert!.«

(In: *Gemischte Partie*, Verband der Verlage und Buchhandlungen Berlin-Brandenburg, 1996)

Höynck mag geholfen haben, dass ausgerechnet der Börsenverein der Deutschen Buchhändler zu Leipzig, also der DDR-
Börsenverein, ihm am 15. Mai 1950 eine Arbeitsbescheini-
gung ausstellte, in der mit keinem Wort auf seine politischen
Funktionen in der NS-Zeit eingegangen, sondern seine Tätigkeit auf rein kaufmännische oder verwaltungstechnische
Funktionen reduziert wurde – ein lupenreiner Persilschein
(der Durchschlag dieses Zeugnisses befindet sich im Archiv-
bestand des DDR-Börsenvereins in Leipzig).

Er war dann u.a. im oder im Auftrag vom (westdeutschen)
Börsenverein in verschiedenen Bereichen tätig, seit 1960 als
Geschäftsführer im Rationalisierungsausschuss, der vom
Vorstand des Börsenvereins berufen wurde. Wegen seiner Tä-
tigkeit in der NS-Zeit ist er nie zur Verantwortung gezogen
worden.

Gustav Langenscheidt (1890 – 1949), zeitweise der Vorgesetz-
te von Hans Höynck, gehörte als Großneffe des Firmengrün-
ders Gustav Langenscheidt zur Verlegerfamilie Langenscheidt.
Ab 1932 war er Mitinhaber des Verlags und dort führend tätig, dann im »Gau Groß-Berlin« für die nationalsozialistischen
Buchhandelsorganisationen in vorderster Front aktiv.

Nach dem Ende des Krieges wurde er von der Besitzerfa-
milie aus dem Verlag »zurückgezogen«, weil mit ihm als ex-
ponierten Nationalsozialisten der Langenscheidt Verlag keine
Lizenz von den Alliierten erhalten hätte (sie wurde dann 1947
erteilt).

Zu den Autorinnen und Autoren

Curt Riess, 1902 in Würzburg geboren, zog mit seinen Eltern nach Berlin, wo er bis 1933 als Journalist arbeitete. Er musste 1933 emigrieren und arbeitete in Paris und später in den USA. 1952 ließ er sich in der Schweiz nieder, wo er 1993 starb. Seine Themen waren das Theater und der internationale Film.

Paul Marcus, 1901 in Beeskow geboren, zog 1911 mit seinen Eltern nach Berlin. Fasziniert vom Theater und vor allem vom neuen Film, brach er eine Bankkarriere ab und wurde Film- und Theaterkritiker für große Berliner Zeitungen. Er musste 1933 emigrieren, floh über Prag nach Wien und 1938 nach London, arbeitete weiter als Filmjournalist, schrieb nach dem Krieg das erste Buch über die zwanziger Jahre (*Zwischen zwei Kriegen*) und starb 1972 in London.

Monika Maron wurde in Berlin geboren, wuchs in der DDR auf, übersiedelte 1988 in die Bundesrepublik und lebt seit 1993 wieder in Berlin. *Flugasche, Animal triste, Endmoränen, Ach Glück* und *Zwischenspiel* sind Titel der Autorin, die zu den bedeutendsten deutschen Schriftstellern gezählt wird.

Eva Menasse wurde in Wien geboren und lebt nun in Berlin, begann als Journalistin und konnte mit *Vienna, Läßliche Todsünden* und *Quasikristalle* einen wichtigen Platz in der deutschsprachigen Literatur finden. *Lieber aufgeklärt als abgeklärt* ist eine neue Essay-Sammlung.

Pascale Hugues wurde in Straßburg geboren, arbeitet seit 1989 als Korrespondentin in Deutschland und lebt in Berlin. Mit *Marthe & Mathilde* setzt sie ihren Großmüttern ein Denkmal und beleuchtet die schwierige Geschichte im Elsass. *Ruhige Straße in guter Wohnlage* erzählt die Geschichte der Menschen in ihrer Straße. Sie wurde 2014 mit dem *Preis des europäischen Buches* in Brüssel ausgezeichnet.

Horst Pillau wurde in Wien geboren und ist trotzdem Berliner. Mit *Das Fenster zum Flur, Der Kaiser vom Alexanderplatz* und *Luft gibts überall, aber atmen kannste nur hier* konnte er seiner Stadt Berlin und ihren Menschen ein Denkmal setzen und ein wichtiger Autor, vor allem auch des Boulevard-Theaters, werden.

Der Fotograf **André Kirchner** wurde in Erlangen geboren und kam 1981 nach Berlin: Beginn der Stadtfotografie. 1984/85 Besuch der Werkstatt für Fotografie in Kreuzberg. Selbständig als Fotograf und Autor seit 1986, Schwerpunkt Stadtdokumentation und Architekturfotografie. Seit 2007 betreibt er eine Fotoschule im eigenen Schwarz-Weiß-Labor.

Dank

Ich danke Monika Maron für die Erlaubnis, ihren Artikel aus Literaturen 2/2010 in dieses Buch aufzunehmen. Für die Verewigung der Buchhändlerin in der Literatur danke ich sehr.

Ich danke André Kirchner für die Fotografien des Buchumschlags und die Fotografien vom U-Bahnhof der U7, der von der Buchhändlerin geliebt war und nun verschwunden ist.

Ich danke Friedrich Rost für das tolle Überraschungs-Foto der Buchhändlerin als junger Frau 1968 und für die Erlaubnis, es in dieses Buch aufnehmen zu können.

Ich danke Eva Züchner für viele Gespräche und vor allem für den Fund des Lachmann-Dokuments im Bundesarchiv, in dem Benedict Lachmann an den *Bund Reichsdeutscher Buchhändler* die folgenreiche Frage nach einem Lehrling stellt.

Ich danke Peter Weith, der unermüdlich recherchiert, korrigiert und mich unterstützt hat. Ohne seine Unterstützung hätte dieses Buch nicht entstehen können.

Ich danke Gudrun Fröba für die Gestaltung und Rainer Nitsche für die Recherchen und Formulierungen zur Börsenvereins- und Buchhandelsgeschichte. Außerdem für ein schönes Wochenende und die freundschaftliche Führung und Begleitung bei der Entstehung des Buches.

Quellen

Ausstellung *Wir waren Nachbarn:* Album Benedict Lachmann
Georg Haberland , *Aus meinem Leben* 14. August 1931
Literaturen Nr. 1, Jan./Feb. 2010
Dokumente der Seiten 34 bis 43: Bundesarchiv Berlin
Eva Menasse, Börsenblatt 15/2014
Emma Eva Romahn, *Kalenderaufzeichnungen 1945*

Bilder

Museen Tempelhof-Schöneberg: Seiten 19, 21, 24, 27, 53, 54, 55, 57, 65, 67, 72
Wolfgang Albrecht: Seite 66
Marianne Fleithmann: Seite 95
André Kirchner: Titelbilder und Seiten 74, 75
Margit Lesemann: Seite 132
Friedrich Rost: Seite 90
Lothar Wilczek: Seiten 99, 105, 122
Archiv der Herausgeberin: alle anderen Abbildungen

Bei einigen Abbildungen konnten die Rechteinhaber nicht ermittelt werden. Wir bitten diese, sich gegebenenfalls beim Verlag zu melden.

Christiane Fritsch-Weith, geboren in Lottstetten. 1964 Buchhändlerlehre in der Gutenberg-Buchhandlung, Darmstadt. 1967 Umzug nach Berlin, angestellt im Vertrieb des S. Fischer, seit 1968 im Hauptsitz des Verlages. Seit 1. April 1975 Eigentümerin des Buchladens Bayerischer Platz in Berlin-Schöneberg.